Sébastien Levret

Biene, Igel, Schmetterling

So wird Ihr Garten zum Naturparadies

Sébastien Levret

Biene, Igel, Schmetterling

So wird Ihr Garten zum Naturparadies

Bassermann

Inhalt

Vorwort

»Wenn die Biene einmal von der Erde verschwindet, hat der Mensch nur noch vier Jahre zu leben. Keine Bienen mehr, keine Bestäubung mehr, keine Pflanzen mehr, keine Tiere mehr, kein Mensch mehr .«
Beinahe jeder kennt dieses Zitat, das Albert Einstein zugeschrieben wird: Es schafft eine direkte Verbindung zwischen dem Dasein des Menschen und dem Dasein der Bienenvölker auf unserer Erde. Natürlich zielt es dabei nicht auf die Produktion von Honig ab, sondern auf die Bestäubung, die sich beim Honigsammeln automatisch vollzieht. Dieses diskrete »Beiwerk« wird gerne unterschätzt, denn die Bataillone von Nektar sammelnden Insekten leisten es gratis und franko bei jedem ihrer Besuche auf einer Blüte.

Wer denkt schon daran, dass er von der Arbeit einer Biene zehrt, wenn er in einen saftigen Apfel beißt, sich ein Stück Pfirsich in den Mund schiebt oder ein Erdbeertörtchen genießt? Wer bedankt sich innerlich bei Schwebfliegen, Hummeln, Schmetterlingen und vielen anderen gering geschätzten Arten, die ebenfalls zu den Bestäubern gehören, ohne die unsere Pflanzen keine Früchte hervorbringen können? 80 Prozent der europäischen Flora sind auf den Service dieser Nützlinge angewiesen. Ganz zu schweigen von den Insekten, die dafür sorgen, dass die Äpfel, Pfirsiche und Erdbeeren auch groß und saftig werden: Beschützer wie Marienkäfer, Florfliegen, Ohrwürmer und andere Nützlinge, die in diesem Buch vorgestellt werden.

Wer sich im Garten umschaut, erblickt sie überall: Winzige Viecher kreuchen und fleuchen allenthalben – auf den Blumen, den Bäumen, im Gras, auf dem Boden, im Kompost!

Obwohl der Garten künstlich angelegt ist, mal mehr, mal weniger geplant und ausgeklügelt, beherrscht ihn doch die Natur. Sie sorgt dafür, dass sich wilde Pflanzen ansiedeln, egal mit welchen Mitteln der Gärtner diesen »Eindringlingen« zu Leibe rückt oder sie gar auszurotten versucht.

Ob man es will oder nicht: Man ist nie das einzige Lebewesen, das sich in seinem Garten tummelt. Zahlreiche weitere nisten sich dort ein. Unter ihnen auch ein kleiner Anteil an sogenannten »Schädlingen«, die jedes Ungleichgewicht in dem grünen Kunstwerk nutzen, um sich zu vermehren und die sorgfältig kultivierten Pflanzen zu befallen: Blattläuse, Raupen, Schnecken … Doch diese unerwünschten Gäste werden wiederum von anderen »Räubern« in Schach gehalten, z. B. vom Marienkäfer oder anderen als »Nützlinge« bezeichneten Insekten.

Daher ist es sinnvoller, diese Wächter bei ihrem Job zu ermutigen und von ihrer Hilfe zu profitieren, als mit dem Drucksprühgerät auf jeden Winkel des Gartens loszugehen und jegliches Insekt niederzuspritzen, sobald es nur die Spitzen seiner Fühler zeigt. Um stattdessen die Artenvielfalt zu erhalten, wird seit einiger Zeit die Errichtung spezieller Nistmöglichkeiten für die vielbeinigen Helfer propagiert, insbesondere das Aufstellen sogenannter »Insektenhotels«. Diese »Hotels« bestehen aus unterschiedlich großen Fächern, die mit natürlichen Materialien in verschiedener Dichte gefüllt sind, so dass sie für jeden winzigen Nützling den richtigen Rückzugsort bieten. Doch damit diese Herbergen funktionieren können, müssen sie Teil eines stabilen Ökosystems sein. Die Philosophie dafür lautet: zwei Schritte zurück, einen Schritt vor. Das ist weniger kompliziert, als man glaubt. Es reicht, genau zu beobachten, was sich im Garten abspielt und man merkt schnell, dass die Natur dem Gärtner zur Hand geht, wenn er ihren Artenreichtum unterstützt.

PLAN FÜR DIE ANLAGE VON NISTPLÄTZEN FÜR NÜTZLINGE

1 Baumgruppe
2 Holzstapel (S. 66)
3 Buntbrache (S. 50)
4 Insektenhotel (S. 80)
5 Gemüsegarten (S. 74)
6 Hecken (S. 48)
7 Ökologische Bienenstöcke (S. 99)
8 Brachland
9 Obstbäume
10 Nistkästen (S. 92)
11 Steinspirale/Trockenmauer (S. 67)
12 Teich (S. 65)
13 Nistkästen für Fledermäuse (S. 96)

Natur im Garten: ein Muss

Wer der Natur Zutritt zu seinem Garten gewährt, folgt nicht irgendeinem Modetrend. Natürlich spricht man momentan ausgiebig über naturnahes Gärtnern, aber es ist vor allem ein Muss für das biologische Gleichgewicht. Die Natur ist eine große Hilfe, wenn man die Vermehrung von Räubern klein halten will, ohne zur chemischen Keule zu greifen. Denn diese »effektiven« Mittel sind gefährlich für die Gesundheit wie für die Umwelt. Echter Naturschutz beginnt im eigenen Garten. Es braucht dabei keine raren Geschöpfe, die nur in geschützten Gebieten gedeihen, sondern eher ganz ordinäre kleine Viecher mit vielen Beinen, denen man häufig begegnet. Denn die sind genauso wichtig für den Erhalt der Artenvielfalt wie ihre exklusiven Kollegen.

Warum man sich auch für diese häufigen Arten stark machen muss? Weil auch sie gefährdet sind, wenn man sich nicht für sie einsetzt!

Ein Garten ist für sich gesehen ein Ökosystem. Wenn Sie Insekten ansiedeln wollen, damit sie Ihre Pflanzen bestäuben oder Schädlinge an der Fortpflanzung hindern, müssen Sie darauf achten, dass der Lebensraum dieser Insekten, ihr Habitat, in seiner Gesamtheit intakt ist.

Mit Natur geht alles besser

Warum die Natur in den Garten locken?

Die Intensivierung der modernen Landwirtschaft, die fortschreitende Verstädterung, die Verdichtung von Straßen- und Eisenbahnnetzen … All das zertrennt natürliche Lebensräume oder zerstört sie sogar – und weil das nun schon etliche Jahrzehnte so geht, ist ein besorgniserregender Rückgang von wilder Fauna und Flora zu beobachten. Immerhin gibt es eine Gegenbewegung: Wenn sie nicht allzu künstlich gestaltet sind, übernehmen in den Regionen, wo die Verstädterung und die Landwirtschaft die natürlichen Lebensräume reduziert haben, Gärten und Parks mit ihren Hecken, ihren Bäumen und anderen Pflanzungen eine unerlässliche Rolle als Rückzugsräume für wild lebende Tiere.

Wie läuft das Leben in der Wildnis ab?

Das erste Glied in der Nahrungskette, die alle Lebewesen verbindet, bilden die Pflanzen. Aus der Erde schöpfen sie sämtliche wichtigen Nährstoffe, die sie benötigen, und verwandeln dabei, mithilfe der Photosynthese, die Mineralstoffe des Bodens in organische Materie. Direkt oder indirekt ernährt diese lebendige Materie alle Lebewesen.

Die Tiere fressen die Pflanzen beziehungsweise einzelne Bestandteile davon. Ohne es zu wollen, verhindern sie dadurch deren weitere Verbreitung. Doch werden sie dadurch nicht zu Schädlingen, es sei denn ihre natürlichen Feinde sind verschwunden.

Zu diesen vegetarisch lebenden Tieren zählen die blütenbesuchenden Insekten – Schmetterlinge, Bienen, Hummeln, Schwebfliegen –, die sich von Nektar und Pollen ernähren. Indem sie dabei Pollen, also Samen männlicher Blüten, auf die Samenanlagen oder Fruchtblätter der weiblichen Blüten bringen, stellen sie die für die Reproduktion einer ganzen Reihe von Pflanzen unerlässliche Bestäubung sicher.

»Räuberisch« lebende Insekten erbeuten andere Insekten, um sich zu ernähren: 95 Prozent der Insektenfresser sind selbst Insekten!

Andere Tiere wie Igel oder Kröten jagen ebenfalls Insekten und Weichtiere, z. B. Schnecken. Meisen und andere Sperlingsvögel füttern ihren Nachwuchs mit Insekten, weil die reich an Proteinen sind. So garantieren sie den Nestlingen schon im Frühling ein schnelles Wachstum. Um den natürlichen Kreislauf zu schließen, braucht es wiederum natürliche Zersetzer oder Wiederverwerter.

Auch zu diesen gehören – nebst Kleinstlebewesen wie Bakterien, Pilzen, Milben etc. – eine Reihe von Insekten. Diese Insekten begnügen sich mit Kadavern, toten Pflanzen und Ausscheidungen.

Fazit: Ein Garten ist wie jedes Ökosystem ein vielfältig und reich organisierter Lebensraum, in dem ein Gleichgewicht herrschen muss, damit überschießendes Wachstum der einen Gattung auf Kosten der anderen Gattung verhindert wird. Dieses Gleichgewicht kann nur entstehen, wenn jedes Tier seine Bedürfnisse stillen kann: Nahrung, ein Platz zum Leben und ein Ort zur Reproduktion müssen dazu gegeben sein.

In der Natur bieten Kräuter und Gräser, Sträucher und Büsche, Bäume von unterschiedlicher Art und Alter ausreichend Lebensraum und Nahrung für jede Menge Tiere und Pflanzen. Er herrscht Vielfalt.

WUSSTEN SIE DAS?

In der Natur sind die Insekten weit in der Überzahl. Zurzeit kennt man etwa eine Million Insektenarten weltweit, gegenüber »nur« 10 000 Vogelarten und 5400 Säugetierarten.

Wer die Natur unterdrückt, den überrollt sie!

Man kann sehr viel Energie für einen perfekt geplanten, raffiniert ausgeklügelten Garten aufwenden. Nichtsdestoweniger gelten auch dort die Regeln der Natur. Wilde Pflanzen siedeln sich ohne Erlaubnis an, selbst wenn man alle Mitteln ergreift, um ihre Ausbreitung zu verhindern.

Warum also verlorene Schlachten schlagen und stetig an ihrer Vernichtung arbeiten, anstatt die Schönheit und Eigenart solch ungebetener Gäste schätzen zu lernen?

Die stete Reduzierung ihres natürlichen Lebensraums lässt zahlreiche Insekten in die Gärten einziehen. Unter ihnen sind auch die »Räuber«, die ein Ungleichgewicht ausnützen und vom Wachstum unerwünschter Pflanzen profitieren. Aber die Natur ist gut gegen sie gerüstet, nämlich mit den Helfern und Verbündeten des Gärtners. Man sollte die Arbeit dieser Helfer lieber unterstützen, als systematisch irgendwelche chemischen Stoffe einzusetzen, sobald sie zum Problem werden. Auch unter der Erde arbeitet die Natur sehr diskret. Die dort lebenden Nützlinge ermöglichen überhaupt erst das Wachsen und Gedeihen von Pflanzen.

Die Natur ist also in den verschiedensten Formen präsent, und der Mensch ist abhängig von ihr. Die Artenvielfalt ist der Schlüssel zu einem gesunden Garten. Diesen Schlüssel kann man nutzen, um sich einen reizvollen, schöpferischen Naturraum zu eröffnen, der sich einfach bewirtschaften lässt.

Die tierischen Verbündeten des Gärtners

Egal ob groß oder klein, egal ob man Gemüse darin züchtet oder dekorative Blumen anpflanzt, ein Garten ist vor allem ein Ökosystem, wenn auch ein von menschlicher Hand stark beeinflusstes. Dennoch gelten in ihm dieselben Gesetze wie in der ungezähmten Natur. Man findet in ihm Beutetiere, Jäger, Räuber, Parasiten … Sie sind die ersten Konsumenten im Nahrungsnetz.

Auch wenn ein Gärtner manche Insekten als »schädlich« bezeichnet, sind doch viele ihm nützlich, wenn nicht gar für seinen Garten überlebenswichtig. Denn diese Nützlinge bestäuben die Pflanzen, die der Gärtner heranzieht, sie regulieren den Bestand an räuberischen Insekten, sie sind an der Düngung beteiligt und bestimmen die Qualität der Böden. Für den Gärtner, der sie respektiert und zum Bleiben einlädt, sind sie kostbare und kostenlose Helfer. Warum sich also nicht einer einfacheren und natürlichen Art und Weise des Gärtnerns zuwenden und wieder lernen, sein Obst und seine Früchte mit Hilfe der Insekten zu züchten, wie man es in den Urzeiten des Anbaus tat? Die amerikanischen Entomologen Mace Vaughan und John Losey haben in ihren Untersuchungen nachgewiesen, dass allein in den USA dank des kostenlosen Einsatzes von Insekten 57 Milliarden Dollar eingespart werden könnten, während die durch Insektenbefall verursachten Ausfälle maximal 8 Milliarden Dollar erreichen würden. Und trotzdem sind die Insekten, die man als Nützlinge betrachtet, in den industriell und landwirtschaftlich intensiv genutzten Regionen massiv auf dem Rückzug. Fatalerweise wird es unmöglich sein, die Tätigkeit bestimmter Insekten und winziger Tierchen zu ersetzen, wenn die kleinen Helfer ausgestorben sind. Die Bestäubung von Pflanzen durch die Bienen kann nicht künstlich ersetzt werden.

Nimmt jedoch ein Gärtner die Hilfe nützlicher Insekten in Anspruch, ist das nicht nur eine Geste in Richtung Natur und Natürlichkeit, sondern es verbessert Qualität und Quantität seiner Obst- und Gemüseernten. Ein Gemüsegarten, der von einer großen Artenvielfalt an Bestäubern, Räubern und komposterzeugenden Tierchen bespielt wird, wird gesündere und ertragreichere Pflanzen hervorbringen, als ein Garten ohne diese Nützlinge. Zudem wird das Risiko einer massiven Vermehrung von Schädlingen stark gemindert.

Die meisten Insekten, die dieses Buch vorstellt, sind Nützlinge. Dabei ist dieser Terminus aber weit gefasst, denn unter ihn fallen die Räuber, Bestäuber und Parasiten, die einem Gärtner bei seiner Arbeit helfen, aber keinen Schaden an den von ihm kultivierten Pflanzen anrichten.

Überlebenswichtig: Die Bestäuber

Bestäubende Insekten bilden eine sehr große Gruppe. Die in Völkern oder Schwärmen organisierte Honigbiene ist die bekannteste darunter – und die in Gärten am häufigsten beobachtete. Genauso wichtig aber sind andere Bestäuber wie die Hummel oder die Wildbiene, von der es in Deutschland 585 Arten gibt. Auch der Schmetterling mit seinen mehr als 129 Tagfalterarten gehört dazu, genauso wie die Schwebfliege, die man in Deutschland in 450 Arten beobachten kann, sowie bestimmte Käferarten.

DIESE INSEKTEN fliegen Blumen zur Nahrungssuche an: Pollen und Nektar stehen bei den meisten von ihnen auf den Speiseplan. Weil sie sich bei der Nahrungssuche von Blüte zu Blüte bewegen, verteilen sie den ihnen anhaftenden Pollen auf fremde Pflanzen derselben Art und befruchten sie so: Fortpflanzung garantiert!

Wie funktioniert die Bestäubung?

Anders als Tieren fehlt Pflanzen die Möglichkeit der Fortbewegung. Also mussten sie andere Möglichkeiten der Fortpflanzung und Verbreitung finden als die Partnersuche. Ihre Strategie? Sie produzieren winzige, mobile Samen, Pollen genannt. Der Pollen ist der männliche Samen der Pflanze. Er sieht aus wie ein winziges Körnchen, meistens in einer Schattierung von Gelb, und entsteht in den Staubgefäßen der Pflanze. Um eine weibliche Pflanze befruchten zu können, muss er in ihr Ei – die spätere Frucht, das spätere Korn – eindringen. Dazu muss der Pollen die eigene Pflanze

verlassen, denn die kann er nicht befruchten. Um zu einer fremden Pflanze derselben Art zu gelangen, hat er verschiedene Möglichkeiten: sich von Wind oder Wasser tragen lassen oder sich an ein Tier heften. Die einfachste Möglichkeit hierbei bieten ihm die Insekten.

Welche Rolle spielen die Insekten bei der Bestäubung?

Dass Pflanzen sich von Insekten bestäuben lassen, ist ein Geschäft auf Gegenseitigkeit: Die Pflanze garantiert ihre Fortpflanzung, indem sie dem Insekt ihre zuckerhaltigen Säfte als Nahrung anbietet. Die natürliche Entwicklung der Pflanzen trägt diesem Verhältnis Rechnung: Durch Duft, süßen Nektar, eine breite Palette von Farben und unterschiedlichste Formen der Blüte versuchen die Pflanzen für die Insekten sichtbarer und verlockender zu werden.
Gleichzeitig veränderten sich auch die Insekten, damit sie bei der Suche nach Nahrung im Vorteil sind: Geradezu spektakulär sind dabei die Entwicklungen

rund um die Mäuler, wie z. B. der Rüssel bei den Schmetterlingen. Sowohl Pflanzen als auch Insekten sind also das Ergebnis von Millionen Jahren gemeinsamer Evolution.

Der Variantenreichtum der Formen von Pflanzen und Blüten, die man in der Natur beobachten kann, rührt daher, dass sich jede Pflanze auf eine bestimmte Art von Insekten spezialisiert hat: Ihre Farbe, ihre Form, ihr Duft, die Konzentration ihres Nektars – all das sind ihre »Charakterzüge«. Sie bestimmen oft sehr genau, welche Tiere die Pflanze anlockt.
Andere Blüten, wie z. B. die der Karotte, produzieren einen stark anlockenden Nektar, der für viele unterschiedliche Arten von Insekten interessant ist. Diese Pflanzen setzen also nicht auf spezialisierte Besucher, sondern eher auf Masse. Das Miteinander von Pflanzen und ihren Bestäubern ist ein gutes Beispiel, um die Abhängigkeiten der Lebewesen untereinander zu verstehen. In einem funktionierenden Ökosystem spielt jede Art mit den anderen zusammen, damit jede Art und alle gemeinsam überleben.

Wie man die Bestäuber erkennt

Heimische Honigbiene

Die westliche, heimische Honigbiene kennt quasi jeder. Die Vorsilbe »Honig« bekam sie von den Imkern zugesprochen, die sie domestizierten, um an ihren Honig zu gelangen. Schon in der Antike schätzten und nutzten die Menschen sie wegen ihrer Produktion von Honig und Wachs. In jüngster Zeit ist sie wegen ihrer Notwendigkeit für die Bestäubung in der Landwirtschaft verstärkt in den Blickpunkt gerückt.

Die westliche Honigbiene ist ein staatenbildendes Insekt. Sie lebt in Kolonien, Schwarm oder Volk genannt. Jeder Schwarm besitzt eine Königin – eine weibliche Biene, die Eier legt –, unfruchtbare Arbeiterinnen und männliche Bienen, die Drohnen. Bis zu 60 000 Tiere kann ein Schwarm in der Hochsaison aufweisen. Die Arbeiterinnen versorgen den gesamten Bienenstaat mit Nektar und Pollen. Sie ernähren sowohl die Königin als auch die Larven, die sich aus ihren Eiern entwickeln. Und sie haben die Fähigkeit, Waben aus Wachs zu errichten: Dieses Wachs schwitzen ihre Bauchringe aus. In den Waben ziehen sie den Nachwuchs auf, lagern Honig und Pollen. Wer einen Bienenstock in seinem Garten aufstellt, bietet einem Bienenvolk Platz, zieht aber zugleich Vorteile aus der Bestäubung seiner Nutzpflanzen.

Hummel

Die Gattung der Hummeln gehört zu den Echten Bienen, zur Unterart Bombus. In Europa gibt es 70 Arten von Hummeln, in Deutschland leben davon 36, teils stark bedrohte Hummelarten. Sie alle haben einen stark behaarten, gedrungenen, rundlich ovalen Körper. Ihr Wehrstachel ist kurz und ihr Stechapparat schwach ausgebildet. Weil ihr Verhalten wenig aggressiv ist, kommt es selten zu Hummelstichen.

Am häufigsten trifft man auf verschiedene Erdhummeln, die Feldhummel und die Wiesenhummel. Wie die Honigbienen leben sie in kleinen Staaten, bestehend aus Königin, Arbeiterinnen und einigen wenigen Drohnen. Je nach Art besteht ein Hummelvolk aus 50 bis 600 Tieren. Ihre Nester bauen sie sich in alten Trocken-mauern, im Stroh, in den Futterhaufen von Nagetieren oder in alten Vogelnestern. Auch in den verlassenen Gängen von Feld- und Waldmaus nisten sie.

Die Arbeiterinnen der Hummeln sind etwa 12 bis 16 mm groß und von Mitte März bis Ende Oktober aktiv. Sobald es im Frühling etwas wärmer wird, kommen sie hervor. Die etwas größere Hummelkönigin kann man dann auf der Suche nach einem günstigen Nistplatz für die Staatengründung beobachten. Das Aussterben der Hummeln in einigen Teilen Europas wird besorgt beobachtet: Englische Insektenkundler oder Entomologen mussten feststellen, dass in Großbritannien bereits drei von 28 Arten ausgestorben und weitere acht Arten bedroht sind.

Große Wollbiene

Die Große Wollbiene oder Garten-Wollbiene gehört zu den Solitärbienen, die Einzelgänger sind, also keinen Staat bilden. Man erkennt sie an ihrer leuchtend gelben und schwarzen Zeichnung auf dem Hinterteil. Anders als bei der viel schlankeren Wespe, mit der die gedrungene Wollbiene oft verwechselt wird, sind diese Streifen nicht durchgängig. Das von Anfang April bis Ende September aktive Tier ist kleiner als eine Hummel und misst zwischen 8 und 16 mm. Mit einer Bürste unter dem Hinterteil sammeln die weiblichen Wollbienen Pollen als Nahrung für ihren Nachwuchs.

Sobald sie aus dem Winterschlaf erwachen, suchen sie in Mauern, Erdböschungen oder trockenen Holzstapeln einen Platz für ihr Nest, das sie mithilfe von Spucke aus Holzfasern und Blattteilchen zusammenkleben.

Männliche Wollbienen verteidigen ihr Revier aggressiv, sowohl gegen Drohnen der eigenen Art als auch gegen Nahrungskonkurrenten wie Hummeln und Honigbienen, die sie mit den drei Dornen an ihrem Hinterleib rammen.

Weil sie überaus anpassungsfähig ist, scheint die Große Wollbiene bisher nicht vom Artensterben bedroht zu sein. Auch in städtischen Gärten taucht sie häufig auf.

DIE BESTÄUBER WERDEN IMMER WENIGER

Der drohende Untergang der Bestäuber, insbesondere der heimischen Honigbiene und der Solitärbienen, die oft auch als Wildbienen bezeichnet werden, ist eine besorgniserregende Tatsache. Denn 80 Prozent der Nutz- und Wildpflanzen brauchen Insekten zu ihrer Bestäubung. Sterben die Wildpflanzen aus Mangel an Bestäubung ab, droht eine unumkehrbare Kettenreaktion. Die Gründe für das Artensterben mögen verschieden sein, Hauptursache aber ist die landwirtschaftliche Praxis der vergangenen 60 Jahre: Intensivierter Ackerbau, flächendeckender Einsatz chemischer Produkte, darunter auch Insektizide, Zerstörung natürlicher Biotope zugunsten riesiger Monokulturen. Auch die Verstädterung trägt zum Insektensterben bei. Allerdings scheinen sich manche Insekten an den urbanen Betonmassen wenig zu stören und tendieren dazu, sich in der künstlichen Umgebung niederzulassen. Und immer mehr Bienenstöcke tauchen auf städtischen Dächern auf. Stadtimker gibt es München, in Berlin, in Hamburg, Stuttgart, Dresden, Leipzig ... – Tendenz steigend.

Sandbiene

Die Sandbienen bilden die Gattung Andrena innerhalb der großen Familie der Bienen. Wie ihr Name ahnen lässt, lebt diese einzelgängerische Biene auf sandigen Böden. In sie hinein gräbt sie Röhren für die Eiablage, jedes Weibchen für sich allein. In Mitteleuropa kommen etwa 150 Sandbienenarten vor. Man erkennt sie an der dichten Behaarung ihrer Hinterbeine. Mit dieser Haarbürste sammeln sie den Pollen ein.

Weil ihre sandigen und trockenen Habitate durch Betonierung und Asphaltierung weniger werden, ist ein großer Teil dieser Gattung gefährdet. Man sieht sie deshalb häufig in den Gärten, die ihnen günstige Lebensbedingungen bieten. Ein Sandhaufen im hinteren Teil des Gartens ist ideal. Nach der Paarung graben die Weibchen bis zu 60 cm tiefe Gänge hinein. Den Aushub speicheln sie ein, so dass sie ihn als Klumpen vor den Ausgang schieben können. In die Brutzellen am Ende des Gangs legen sie Nektar und Pollen, damit die aus dem Ei schlüpfende Larve Nahrung findet, bis sie sich verpuppt. Dass die Sandbienen in Europa immer weniger werden, wird kaum bemerkt, weil das Bienensterben der Honigbienen ihr Drama verdeckt. Doch sind viele Pflanzen auf die Befruchtung mithilfe der Sandbienen angewiesen und werden ihrerseits weniger.

Holzbiene

Sie wird auch Xylocopa genannt, die »Holz schneidende«, denn sie nagt ihre Nestgänge in Holz. Diese größte aller europäischen Bienen gehört zwar zur Familie der Echten Bienen, ist aber eine Einzelgängerin. Sie misst zwischen 25 und 30 mm, ihre Flügel erreichen eine Spannweite von bis zu einem halben Zentimeter. Doch trotz dieser beeindruckenden Größe und ihrer lauten Fluggeräusche ist dieser schwarz behaarte Riese mit seinen lila schimmernden Flügeln friedliebend und wenig aggressiv.

Mit ihren Mundwerkzeugen nagt die Holzbiene Gänge in weiches Holz. Zwischen den einzelnen Brutzellen errichtet sie mit Sekret überzogene Wände aus dem Holzabfall. Jede Zelle bestückt sie mit Pollen, Kopfdrüsensekret und Nektar – bester Proviant für das eine Ei, das sie hineinlegt.

Die schwarzen Brummer sieht man früh: Schon im März gehen sie auf Futtersuche und bleiben es, bis der Herbst sich neigt. Ihre tropischen und subtropischen Verwandten werden wegen ihrer Vorliebe für Holz als Schädlinge eingestuft.

Schwebfliege

Diese kleine Fliege ähnelt zwar der Wespe oder einer kleinen Biene, doch hat sie keinen Stachel und nur zwei Flügel, nicht zwei Flügelpaare wie die Bienen. Man erkennt sie an ihrem besonderen Flugverhalten: Bevor sie blitzartig die Richtung wechselt, steht sie in der Luft still. Sie schafft bis zu 300 Flügelschläge pro Sekunde, sowohl vor- wie rückwärts.

Mehr als 450 Schwebfliegenarten kommen in Deutschland vor. Dabei messen manche dieser Flugkünstler nur einen halben, manche zwei Zentimeter. Im Gemüsegarten übernimmt die Schwebfliege zwei Jobs, denn als Larve ernährt sie sich von Pflanzen, anderen Insekten oder Aas. Sobald sie ausgewachsen ist, sammelt sie Nektar und Pollen von den Blüten ein und bestäubt sie zugleich. Die Weibchen bestimmter Schwebfliegenarten legen ihre Eier gerne in Haufen zwischen Kolonien von Blattläusen. Die Larven stechen die Läuse und saugen ihre Eingeweide aus. Mehrere hundert Blattläuse, außerdem Raupen, Milben und sogar Zikaden vertilgt eine Larve bis sie ausgewachsen ist. Erwachsene Schwebfliegen überwintern in pflanzlichen Abfällen.

In den vergangenen 20 Jahren haben sich Gewächshausgärtner im Erwerbsgartenbau für die Zucht von Schwebfliegen stark gemacht, um mit ihnen auf biologische Weise Schädlinge zu bekämpfen.

Hornissenschwebfliege

Die Hornissenschwebfliege, die man auch als Große Waldschwebfliege bezeichnet, gehört zu der Gruppe von Insekten, die mit ihren Streifen Wespen, Bienen oder Hornissen imitieren. Mimikry nennt man diesen Vorgang. Sie lässt sich jedoch von der Honigbiene durch ihre großen Facettenaugen und das Fehlen eines zweiten Flügelpaares abgrenzen. Von der Hornisse unterscheidet sie ihr rotbraun gefärbter Hinterleib mit zwei schwarzen Binden. Anders als ihre Namensvetterin sticht sie nicht.

In Deutschland steht die Volucella zonaria, die zwischen neun und 15 mm misst und ganzjährig aktiv ist, auf der Vorwarnliste für gefährdete Insekten. Zum Überleben braucht die Hornissenschwebfliege kleine, stehende Gewässer, denn ihre Larven sind »aquatisch«, können also nur im Wasser heranwachsen.

Schmetterling

Die meisten Schmetterlinge sind versessen auf Nektar. Als erste ihrer Gattung tauchen die gelben Zitronenfalter in den Gärten auf, sobald es im Frühling etwas wärmer wird. Ihren Rüssel nützen die Falter als Strohhalm, mit dem sie Nektar und Pflanzensaft vom Boden der Blüten saugen. In Ruhestellung rollen sie den Saugrüssel spiralförmig unter dem Kopf ein. Dank dieser evolutionären Anpassung können Schmetterlinge fast jede Blüte bestäuben.

In der Dämmerung tauchen die Nachtfalter auf. Es gibt von ihnen zehnmal mehr als Tagfalter. Auch sie sind höchst aktiv bei der Bestäubung. Deshalb haben sich Pflanzen entwickelt, die ihren Nektar nur zur Dämmerung oder in der Nacht produzieren.

Rosenkäfer und andere Käfer

Die Käfer, auf Latein Coleoptera genannt, unterscheiden sich von anderen Insekten durch ihre verhärteten Deckflügel, die in Ruhestellung einen Teil der Brust sowie den Hinterleib bedecken und das zweite Flügelpaar schützen. Diese Deckflügel oder Elytren schimmern in allen Schattierungen zwischen Grün, Golden oder Schwarz.

In Mitteleuropa hat man bisher etwa 10 000 Käferarten gezählt, doch bleiben dabei noch viele Arten unentdeckt. Wie der Rosenkäfer ernährt sich eine Vielzahl von Käferarten von eiweißreichem Pollen, indem sie die Staubgefäße fressen, die ihn enthalten. Auch wenn sie daher im Vergleich zu anderen Insekten als wenig effektiv in Sachen Bestäubung gelten, tragen auch sie Blütenstaub von Pflanze zu Pflanze.

Nicht nur Plage: Die Schmarotzer

Als Schmarotzer bezeichnet man Insekten, die sich von lebenden Beutetieren ernähren. So regulieren sie diejenigen Insektenvölker, die als »Räuber« aktiv sind.

Stoppt die Angreifer!

Weil sie gerne den Salat von unten anknabbern oder über Kohlpflänzchen herfallen, hat man bestimmte Tiere als »Schädlinge« disqualifiziert. Doch das ist nur die halbe Wahrheit. Auch diese »Räuber« bilden ein Glied in der Nahrungskette, denn sie sind wiederum die Mahlzeit für manchen Schmarotzer. Die Schmarotzer haben eine Strategie der Überzahl entwickelt: Je mehr sie sind,

desto mehr überleben auch. Folglich sind sie nicht ungefährlich für große Pflanzenkulturen. Eine stark entwickelte Blattlauskolonie beispielsweise bringt jeden Gärtner dazu, den Griff zur Sprühpistole mit dem »magischen« Insektizid zu erwägen. Das wäre effizient, ohne Zweifel! Doch neben dem Schaden für Gesundheit und Umwelt, den sie anrichtet, tötet die chemische Keule eben auch diejenigen Tiere, die in Abhängigkeit von den Schmarotzern leben.

Natürlich zerstören Insektizide im Handumdrehen ganze Populationen von Schädlingen, doch können sie eine Massenvermehrung anderer Tierchen, denen plötzlich die natürlichen Feinde und die Nahrungskonkurrenten fehlen, zur Folge haben. Es ist also besser, die Schädlinge in begrenzter Menge zu tolerieren und natürlichere Techniken zu ihrer Bekämpfung anzuwenden. Welche, erklärt der zweite Teil dieses Buches.

Der Schädlingsjäger Nummer 1

Marienkäfer

Der halbkugelförmige, flugfähige Käfer mit den markanten Punkten auf den Deckflügeln ist der Vorreiter und das Maskottchen der als »Nützlinge« eingestuften Insekten, denn viele seiner Arten ernähren sich sowohl im Larvenstadium als auch nach dem Schlüpfen aus ihrer Puppe von Blattläusen. Geschätzt frisst ein erwachsener Käfer etwa 20 Blattläuse täglich. Eine Marienkäferlarve vertilgt wesentlich mehr, vor allem im letzten Entwicklungsschritt, bevor sie sich in die Mumie verpuppen, aus der nach sechs bis neun Tagen der fertige Käfer schlüpft.

Es gibt viele Marienkäferarten. Sie unterscheiden sich sowohl in der Anzahl ihrer Punkte als auch in der Farbe ihrer Deckflügel. Weit verbreitet ist der Irrtum, die Punkte gäben das Alter des Käfers an, doch ändert sich ihre Zahl während des Lebens eines Käfers nie, sie ist vielmehr charakteristisch für seine Art: Es gibt welche mit zwei, sieben, elf und mehr Punkten – und alle sind sie harmlos!
Viele ernähren sich von einem Brei aus Blattläusen, aber nicht nur. Manche fressen auch Raupen oder Milben. Gegen Ende des Sommers ändern sie ihre Ernährungsweise:

Um sich für den Winter zu stärken, nehmen sie vermehrt eiweißreichen Pollen und Nektar zu sich. Ihre Population ändert sich je nach Menge vorhandener Beutetiere. Je mehr Blattläuse den Garten stürmen, desto mehr Eier legen die Weibchen der Marienkäfer! Da die Larven nach fünf bis acht Tagen schlüpfen und dann – je nach Art – bis zu 50 Läuse täglich fressen, reduziert sich der Blattlausbefall sichtlich. Brach liegende Zonen im Garten, unberührt wuchernde Inseln oder Brennnesselbestand in einer Gartenecke sind gute Mittel, um Marienkäfer anzuziehen.

ACHTUNG, NACHAHMER UNTERWEGS!

Der asiatische Marienkäfer ist unserem heimischen sehr ähnlich, wird aber etwas größer und hat ein größeres Farbspektrum. In Europa und den USA wurde er Ende des 20. Jahrhunderts zur biologischen Schädlingsbekämpfung eingeführt, weil er – so die Meinung einiger Spezialisten in dieser Hochphase der biologischen Schädlingsbekämpfung – produktiver und effektiver gegen Schädlinge vorgeht. Der Einwanderer ist den Monokulturen entkommen und hat sich in unseren Regionen niedergelassen. Das Problem dabei? Er frisst nicht nur Blattläuse, sondern auch die Larven von Schwebfliegen, Florfliegen und heimischen Marienkäferarten! Einige Entomologen haben bereits beobachtet, dass regionale Marienkäferarten zurückgingen, wo die asiatischen Arten sich niederließen. Man kann diese Eindringlinge übrigens anfangs Oktober beobachten, wie sie sich in Gruppen zusammenschließen, um Schutzräume zur Überwinterung aufzusuchen.

Wespe

Gefürchtet von vielen Insektenarten ist die Wespe, erkennbar an ihren gelb-schwarzen Streifen, ihren langen Beinen und ihrem schmalen, in der Mitte eng geschnürten Körper, der »Wespentaille«. Sie ist ein gefährlicher Räuber. Ihre Stiche sind sehr schmerzhaft, doch wenn man sie in Frieden lässt, bleibt auch sie friedlich. Zur Fütterung ihrer Larven tötet sie Blattläuse, Mücken und Raupen. Gegen Ende des Herbstes ernährt sie sich zunehmend von Nektar. Doldenblütler ziehen sie an, vor allem der Fenchel. Achtung: Nicht zu verwechseln mit der europäischen Hornisse, die auch ein großer Insektenräuber ist.

Libelle

Sowohl als Larve wie ausgewachsen zählt die Libelle zu den ganz großen Insektenjägern. Dabei ist sie nicht wählerisch: Raupen, Mücken, Schnaken, Schmetterlinge … Normalerweise setzt sie sich zur Lauer auf eine hohe Pflanze und ergreift ihre Beute im Flug. Ihre Larve hingegen lebt unter Wasser und braucht deshalb stehendes Wasser in Tümpeln oder Teichen. Verborgen von Wasserpflanzen ist auch sie räuberisch unterwegs.

Gemeiner Ohrwurm

Ohrenkneifer oder Ohrlaus nennt man diesen Krabbler, der trotz gut ausgebildeter Flügel nicht fliegen kann. Daher müssen Sie sich auch keine Sorgen um ihre Ohren machen. Zudem kneift der Ohrwurm keinen Menschen: Die zangenförmige Verlängerung seines Hinterleibs setzt er zur Jagd auf andere Insekten, zur Verteidigung und bei der Begattung ein.

Nachts ist er ein hervorragender Jäger, versessen auf Blattläuse, Schmetterlingseier, Fruchtfliegen und zahlreiche Insektenlarven. Man hat ihm gerne Schäden an Pflanzen zur Last gelegt. Doch wenn man Ohrwürmer versteckt in Pflanzen findet, dann sind sie dort auf der Jagd nach anderen Insekten und Larven, den eigentlichen Schädlingen. Wird das Obst reif, kann man ihn zwar durchaus in saftigen Früchten finden, aber verglichen mit dem hohen Nutzen seiner nächtlichen Jagd, ist dieser Schaden zu vernachlässigen, vor allem, weil der Ohrwurm nur bereits bestehende Schadstellen ausnutzt: Intakte Fruchthäute sind zu hart für seine Fresswerkzeuge.

Es ist ein leichtes, ihn in den Garten zu locken. Als Nachttier braucht er tagsüber einen Unterschlupf. Einen mit Stroh gefüllten Blumentopf aus Ton, den man in 1 m Höhe befestigt, nimmt er tagsüber gerne als Versteck an.

Goldlaufkäfer

Der Laufkäfer mit seinem grün golden bis bronzefarben schimmernden Panzer wird auch Goldschmied genannt und findet sich in Gärten und Wäldern. Sein Verwandter, der blauviolette bis schwarze Waldlaufkäfer bevorzugt ausschließlich den Wald – egal wie hoch dieser liegt.

Achtung: Nicht zu verwechseln ist der Goldlaufkäfer mit dem gedrungeneren Rosenkäfer! Die Laufkäfer haben eine länglichere Form, lange Antennen, mit denen sie jagen, und sie sind – anders als der Rosenkäfer – flugunfähig. Das Lieblingsversteck der Goldschmiede sind alte, morsche Baumstümpfe. Ihr Menü ist ausgesprochen vielfältig: Larven von Maikäfern, Würmer, Schnecken aller Art, Aas und Pilze erbeuten die tagaktiven Tiere nicht nur auf dem Waldboden; sie klettern auch flink in die Bäume …

Gemeine Florfliege

Man nennt diesen grazilen Netzflügler auch »Goldauge«. Im Sommer ist die Florfliege strahlend grün, im Herbst verfärben sich manche der 35 in Mitteleuropa vorkommenden Arten braun. Man kann das Goldauge häufig im Garten beobachten. Seine bräunliche Larve, die sich von Blattläusen, Blattsaugern, Fransenflüglern oder Thripsen, Raupen, Roter Spinne und der Mottenschildlaus ernährt, macht sich hingegen unsichtbar.

Zur biologischen Schädlingsbekämpfung werden Florfliegen und ihre Eier gerne herangezogen: Eine Florfliegenlarve frisst durchschnittlich 300 Blattläuse bis sie ausgewachsen ist. Die Larven beginnen ihre Raubzüge durch die Blattlauskolonien früher als die Larven des Marienkäfers. Ausgewachsen ist die Gemeine Florfliege als Bestäuber sehr aktiv, denn dann ernährt sie sich nur noch von Nektar und Blütenstaub.

Schwarzer Moderkäfer

Der kleine, mattschwarze, einem Skorpion ähnliche Räuber gehört zur immens weitläufigen, noch längst nicht vollständig erforschten Käferfamilie der Kurzflügler oder Staphylinidae. In Mitteleuropa gibt es etwa 2000 Arten von Kurzflüglern, davon leben in Deutschland etwa 1554 Arten. Sobald es dunkel wird, kann man den Moderkäfer auf seiner Jagd nach Insekten, Schnecken und Nacktschnecken beobachten. Wegen seiner stattlichen Größe von bis zu 32 Millimetern ist sein Appetit riesig. Als Allesfresser vertilgt er pflanzliche Abfälle ebenso wie vermodernde Insekten – daher auch sein Name. Als Resteverwerter ist dieser Kurzflügler nicht zu unterschätzen.

Taghafte

Die im Garten sehr gern gesehene Taghafte wird umgangssprachlich auch »Blattauslöwe« genannt, denn sie lebt im Larvenstadium wie als ausgewachsener Netzflügler von Blattläusen und Pollen. Optisch ähnelt sie der Florfliege, doch sind die ausgewachsenen Tiere, die man von Mitte März bis Anfang Oktober sehen kann, bräunlich. Fühlt sie sich gestört, lässt sie sich auf die Erde fallen und stellt sich tot. Dann sieht es so aus, als läge ein welkes Blatt auf dem Boden. Man kann sie in den Garten locken, indem man abwechslungsreiche Hecken pflanzt, Teile des Rasens ins Kraut schießen lässt, mit Stroh gefüllte Nistkästen anbringt oder zum Überwintern einen Holzhaufen aufbaut.
Die Larve der Taghaften frisst neben Blattläusen auch Milben, Marienkäfer, Raupen und Schmetterlingseier.

Europäische Gottesanbeterin

Je nach Umgebung zeigt sich diese Fangschrecke zartgrün oder braun. Die tagaktive Jägerin kann bis zu acht Zentimeter lang werden, wobei die Weibchen größer sind als die Männchen. Die Fortpflanzung verläuft für die Männchen tödlich: Sie werden nach der Begattung vom Weibchen geköpft. Ihre ausgeprägte Sehfähigkeit macht die Gottesanbeterin zur gefährlichen Räuberin: Sie kann ihren Kopf um 180 Grad drehen, also in alle Richtungen sehen, und hat zudem exzellente Facettenaugen. Tödlich für alles, was nicht schnell flüchtet, sind die langen Antennen, die mittig aus dem dreieckigen Kopf ragen. Mit ihnen erfühlt die Fangschrecke, die in Deutschland unter besonderem Schutz steht, die feinen Vibrationen, die ihre Beutetiere beim Fliegen in der Luft auslösen.

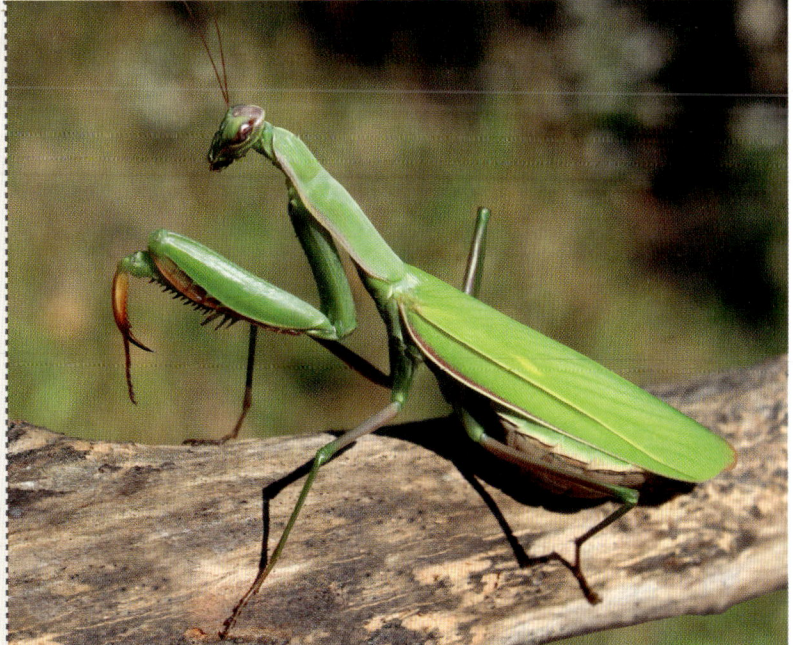

Heuschrecke

Die Heuschrecke wird gern als Fraßschädling angeklagt, doch ist das Grüne Heupferd – eine von etwa 26 000 Arten von Heuschrecken – wie viele Heuschreckenarten ein Insektenfresser. Man darf es nicht mit der Wanderheuschrecke verwechseln, die im Schwarm tatsächlich ganze Landstriche verwüsten kann. Unterscheidungsmerkmal sind die Antennen: Sie sind beim Heupferd viel länger.

Es bevorzugt hoch stehende Gräser im Garten, um darin auf eine Vielfalt an kleinen Beutetieren zu lauern. Fliegen, Raupen, sogar Larven von Kartoffelkäfern, die von den meisten anderen Räubern verachtet werden, frisst es und greift erst zu pflanzlicher Nahrung, wenn seine Beutetiere rar werden.

Großer Leuchtkäfer

Die Spezialisten nennen sie auch Lampyridae, weil die Weibchen, die wie flügellose Larven aussehen, in Sommernächten Gräser erklettern und den Männchen grüne Lichtzeichen senden. Die Männchen tragen Flügel und gleiten mit ihnen über die Gräser, um die Quelle der Leuchtsignale zu finden und sie zu begatten. Diese Erzeugung von kaltem Licht heißt fachsprachlich Biolumineszenz. Das Licht entsteht, weil in den Leuchtorganen im Hinterleib des Würmchens zwei Eiweißstoffe miteinander reagieren, Energie freisetzen und diese in Form von Licht und Wärme abgeben. Das glänzende Licht hilft auch bei der Jagd, denn der Leuchtkäfer ernährt sich von Gehäuse- und Nacktschnecken, die vor allem nachts aktiv sind. Trifft eine Larve auf so ein Weichtier, beißt sie hinein und spritzt der Schnecke ein lähmendes Gift. Dieses Gift verflüssigt auch die Innereien der Schnecke, so dass die Larve sie einfach aussaugen kann.

Achtung: Nicht zu verwechseln mit dem Johanniswürmchen oder Glühwürmchen. Bei ihnen leuchten auch die flugfähigen Männchen.

Leider werden die drei in Deutschland bekannten Leuchtkäferarten immer weniger, weil ihre Lebensräume verschwinden: Durch das frühzeitige Mähen von Gras und die Umwandlung von Weiden in Mähwiesen verlieren sie ihre Habitate.

Wanze

Sie werden des Stechens bezichtigt und verbreiten angeblich einen üblen Geruch, doch vor allem sind die Wanzen eines: vielfältig! Es gibt Pflanzensauger, wie die Kohlwanze oder räuberisch lebende Arten, wie die Blumenwanzen (lat. Anthocoridae). Diese haben ein breites Nahrungsspektrum, was vermutlich der Grund ist, warum sie so lange im Garten bleiben: Sie finden einfach immer irgendetwas, was sie in sich hineinschlingen können. Ihre Larven können am Tag um die hundert Blattläuse vertilgen und sechs Mal so viele Milben. Ausgewachsene Wanzen verputzen ähnlich viel. Blumenwanzen setzen jährlich bis zu drei Generationen Nachkommen in die Welt. Dieser kurze Fortpflanzungszyklus führt dazu, dass sie sich gut an das Beutevorkommen anpassen können. (Bild: Geringelte Mordwanze)

Erzwespen

Viele räuberisch lebende Insekten werden von Parasiten um ihr Dasein gebracht. Die bekannteste Schmarotzerin ist die winzige Erzwespe, die ihre Eier in Blattläuse legt. Dank seines Legestachels am Hinterleib kann ein Weibchen mehr als fünfhundert Blattläuse mit einem Ei infizieren: Sie sticht in das Wirtstier und legt ein Ei in seinem Inneren ab. Die sich daraus entwickelnde Larve nährt sich von dem besetzten Tier. Ihr Wachstum tötet den Wirt.

Im Gemüsegarten sind diese Wespen ein unsichtbares aber nützliches Hilfsmittel: Sie handeln dort, wo sich ihre Nahrung befindet, nämlich in den Pflanzen, die ihre Wirtstiere anfressen. Daher ist es wichtig, bei ihrem Einsatz diese Pflanzen nicht mit Spritzmitteln zu behandeln und auch keine anderen biologischen Schädlingsbekämpfer auszubringen..

Die Verwerter

Bei der intensiven Form der Landwirtschaft wird der Boden gern als Mittel betrachtet, in das man alle die angebauten Pflanzen nährenden Elemente, den Dünger also, einbringt. In einem natürlich gepflegten Garten hingegen ist der Boden kein Mittel, sondern die Basis für alles. Seine nahrhaften Stoffe erhält er durch die Vorgänge der Zersetzung und Wiederverwertung, auf die sich bestimmte Insekten spezialisiert haben. Als quasi riesiges, geheimes biologisches Labor ist dieses Ökosystem ein richtiger Motor für das Wachstum der Vegetation.

Der Boden, Antriebskraft des Wachstums

Die Zersetzung organischen Materials durch die so genannten »Destruenten« sorgt im Garten für jede Menge ganz unterschiedlicher nahrhafter Spurenelemente, die für das Pflanzenwachstum nötig sind. Diese natürliche Kompostierung verleiht Obst-, Gemüse- und Beerenpflanzen eine höhere Widerstandskraft gegen Krankheiten. Hat eine Pflanze ihren Lebenszyklus beendet, ist ihre organische Masse – Blätter, Stiele, Früchte – für die zukünftigen Pflanzen nicht sofort brauchbar, denn Pflanzen – das erste Glied in der Nahrungsmittelkette – ernähren sich nur von Mineralien. Dasselbe gilt für Kot und tierische Kadaver …

Damit sich diese organischen Stoffe in für Pflanzen nutzbare Stoffe verwandeln können, sind eine Vielzahl von Tieren aktiv, die Verwerter. Darunter sind jede Menge Insekten. Sie zerkleinern die organischen Abfälle, bis sie so winzig sind, dass Bakterien und Pilze sie aufnehmen und in Mineralstoffe umwandeln können. Die Fruchtbarkeit eines natürlichen Gartens hängt also zum großen Teil von der Arbeit dieser Insekten ab. Insekten, die Kot und Kadaver, Pflanzenabfälle und totes Holz vertilgen, sind für die Natur unverzichtbar. Springschwänze, Mistkäfer und Rosenkäfer sind die bekanntesten unter ihnen.

Die wichtigen Verwerter im Garten

Mistkäfer

Die Mistkäfer sind für die Umwelt sehr nützliche Tierchen, denn sie putzen die Natur, indem sie den Dung von Pflanzenfressern und modernde Tierkadaver für ihre Larven sammeln. Sobald die ersten schönen Tage kommen, machen sich Weibchen und Männchen gemeinsam an die Arbeit: Das Weibchen gräbt einen etwa 50 cm tiefen Bau mit drei bis vier Brutkammern. Das Männchen klaubt Kotteilchen auf und schleppt sie zum Weibchen, die sie zu Kugeln rollt. In jede Brutkammer rollt sie so eine Kotkugel, legt ein Ei darauf und verschließt den Bau. Im Juni schlüpfen die Larven und fressen den Kot, bis sie sich verpuppen. Im Jahr darauf verlassen sie als erwachsene Mistkäfer den Bau.

Springschwanz

Die Springschwänze zählen zu den zahlreichsten im Boden aktiven Insekten und zu den wichtigsten. Sie sind winzig und scheinen direkt aus einem frühen Stadium der Entwicklungsgeschichte in die Gegenwart gekommen zu sein. Manchmal sieht man sie wie kleine Flöhe über der Erde hüpfen.

Sie zerkleinern die organischen Abfälle in winzige Partikel, die von Bakterien und Pilzen aufgenommen und in Mineralstoffe umgewandelt werden können. Die Ausscheidungen der Springschwänze reichern den Boden direkt mit Nährstoffen für die Pflanzenwelt an. Für den Boden sind sie ähnlich wichtig wie die Regenwürmer.

Mücke und Fliege

Als kaum sichtbare Maden bevölkern Mücke und Fliege, die in unzähligen Spielarten und Formen auftreten, den Boden. Man kann diese unterirdischen Gärtnerinnen beobachten, wenn sie auftauchen und in Schwärmen über dem Boden dahinfliegen. Bekannter als diese namenlosen Winzlinge ist die Markus- oder Märzfliege. Ihr langsamer, oft plumper Flug, ihr schwarz glänzender Körper mit dem pelzigen, gewölbten Brustkorb – man erkennt sie sofort. Warum sie mancherorts nach dem Heiligen Markus heißt? Der ihm geweihte Tag ist der 25. April, und um diese Zeit herum schwärmen die Markusfliegen aus.

Rosenkäferlarve

In Laubhaufen oder im Kompost findet man oft fette, weißliche, zusammengerollte Larven. Achtung: Das sind nicht automatisch die »Engerlinge« eines Maikäfers oder eines anderen gefürchteten Pflanzenfressers aus der Familie Melolonthinae. Rosenkäferlarven erkennt man an der roten Behaarung des Hinterteils. Anders als Larven von Feld- oder Waldmaikäfern, die nicht nur im Gemüsegarten arge Schäden anrichten können, fressen sie tote pflanzliche Überreste, nicht lebendige Wurzeln gesunder Bäume, Sträucher und Weinreben. Deshalb findet man sie auch beim Umstechen des Komposts.

Hilfreiche Mitarbeiter, die man leicht vergisst

Spinnen

Oft übersieht man, dass die Spinnen ebenfalls eine wichtige Rolle im biologischen Kampf spielen. Ihnen haftet von alters her ein schlechtes Image an. Dabei stechen sie nicht, wie man früher dachte, manchmal jedoch zwicken sie mit ihren Greifern. Die Spinnen in unseren Breiten sind aber viel zu klein und ihre Greifer stehen viel zu eng aneinander, als dass sie durch die menschliche Haut hindurchkämen. Zudem ergreift eine Spinne viel lieber die Flucht als anzugreifen!

SPINNENTIERE ZÄHLEN zu den Gliederfüßern, aber nicht zu den Insekten! Denn die haben drei Beinpaare, Spinnen vier. Insekten haben Fühler und häufig auch Flügel – beides fehlt den Spinnen. Man findet sie überall dort, wo sich auch ihre Beute – Insekten, die sie bei lebendigem Leib fressen – findet: In Gärten, Obstwiesen, Feld und Wald.

Die Spinne hat eine eigenwillige Fangtechnik entwickelt. Die meisten Spinnentiere haben Spinnwarzen am Hinterleib, mit denen sie ihre Fangfäden, ihre Netzfäden und ihre Kokons herstellen. Kommt ein Insekt an ein Netz, bleibt es an den Querfäden kleben und kann sich nicht mehr lösen. Die Fluchtversuche lassen das ganze Netz vibrieren. Die so alarmierte Spinne eilt herbei, senkt ihre Greifer in die Beute, injiziert ihr ein lähmendes Gift und spinnt das wehrlose Insekt in einen Kokon ein. So bleibt es bis zur nächsten Mahlzeit frisch. Ist die Essenszeit gekommen, spritzt die Spinne dem Insekt Enzyme, die es verdauen und in Flüssigkeit verwandeln. Diese Flüssigkeit muss die Spinne dann nur noch einsaugen.

Laufspinnen jagen ihre Beute ohne Netze: Sie pirschen am Boden, auf Mauern, im meterhohen Unkraut und sobald sie ein Insekt erblicken, springen sie darauf und lähmen es. Manche Spinnentiere lauern regungslos, bis ein Insekt vorbeikommt und erhaschen es im Sprung.

In Mitteleuropa zählt man etwa 1500 Spinnenarten, von denen im Folgenden die im Garten wichtigen vorgestellt werden.

Krabbenspinne

Wie eine Krabbe bewegt sich diese Spinne mit den stark entwickelten Vorderbeinen seitwärts. Sie spinnt keine Netze. Stattdessen lauert sie auf Blüten, deren Farbtönung sie so erfolgreich imitiert, dass anfliegende Pollensammler getäuscht werden und ihr zum Opfer fallen.

Wespenspinne

Die Wespenspinne baut riesige Radnetze, die ihr ein Maximum an Beute garantieren. Wegen ihrer auffälligen Zeichnung auch Zebra- oder Tigerspinne genannt, ist sie leicht erkennbar.

Gartenkreuzspinne

Diese Radnetzspinne mit ihrem Rückenkreuz aus hellen Flecken kommt in ganz Mitteleuropa vor. In ihren eindrucksvollen Netzen verfangen sich sogar Hummeln und Hornissen .

Große Winkelspinne

Sie liebt es trocken und dunkel: In Höhlen, Baumhöhlen, Laubwäldern, Hecken und Brachen spinnt sie ein trichterförmiges Netz, dessen Ende ihre Wohnröhre bildet. Vor diesem Netz legt sie Fangfäden aus, worin die Beute sich verheddert.

Wolfsspinne

Diese nachtaktive, beigefarbene oder braune Lauerspinne bewegt sich unglaublich schnell über den Boden, wo sie in Erdröhren lebt. Sie braucht zur Jagd deshalb keine Netze, sondern schnellt auf ihre Beute zu und packt sie. Oft kann man beim Weibchen einen Eierkokon am Hinterleib sehen.

Vögel, die den Gärtner unterstützen

Vögel sind gern gesehene Gäste im Garten, weil sie dort eine entscheidende Rolle spielen: Sie sorgen für das Gleichgewicht im Ökosystem, denn sie fangen fliegende Insekten und picken nach Larven für ihren Nachwuchs. Diese eiweißreichen Beutetiere lassen die Vogelküken rasch groß werden! Winters sind Insekten und Raupen ihre bevorzugte Beute. Sind diese schwer zu finden, weichen die Vögel auf Beeren, Körner und verschiedene Früchte aus.

Rotkehlchen

Man kann diesen rundlichen Vogel mit der orangeroten Stirn, Kehle und Brust regelmäßig im Garten sehen, manchmal ganzjährig: In West-, Süd- und Mitteleuropa ist das Rotkehlchen ein Standvogel. Nordeuropäische Rotkehlchen sind Zugvögel, die im Mittelmeerraum überwintern. Wenig scheu baut dieser Insektenjäger sein Nest in Hecken oder auf den Holzbalken des Gartenhäuschens.

Star

Dieser bis zu 22 cm große Vogel, dessen schwärzliches Gefieder in Grün oder Purpur glänzt und an den Schwingen helle Spitzen zeigt, verputzt Insekten aller Art: Grillen, Heuschrecken, Raupen, Larven, Asseln, aber auch Gehäuse- und Nacktschnecken … Er liebt Baumgruppen, weil er sein Nest gern in Höhlen baut; auch Felsspalten oder Hohlräume an Gebäuden nutzt er für seine Kinderstube. Der Star war in Deutschland Vogel des Jahres 2018.

Feldsperling

Klein und schlank, mit braunem Oberkopf und Nacken, weißen Wangen und einem hellen Halsband ist dieser Gartenbesucher ein Vegetarier, der Samen von Gräsern, Getreide und Kräutern, wie z. B. Distel und Brennnessel frisst – es sei denn, er hat Junge. Die füttert er mit Käfern wie dem Kartoffel-, dem Mai- und dem Rüsselkäfer, aber auch mit Blatt- und Schildläusen, Spinnen, Heuschrecken und Ameisen.

Meise

Im Garten ist sie gern gesehen, schon wegen der prächtigen, je nach Art unterschiedlichen Farben ihres Gefieders. Als Jägerin unerwünschter Insekten ist die Meise ein hervorragender Verbündeter des Gärtners. Am bekanntesten ist die Blaumeise mit ihrem blau gefärbten Oberkopf.
Die schwarzköpfige Kohlmeise sieht man oft im Kohl, wo sie nach den Raupen der Kohlweißlinge pickt – daher auch ihr Name.
Die Nonnen- oder Sumpfmeise hat ein schwarzes Käppchen und bräunlich-beiges Gefieder. Sie ernährt sich vorwiegend von Sämereien, verfolgt aber im Frühjahr auch Spinnen und Insekten.
Die Nahrung der eher unauffälligen Tannenmeisen und Weidenmeisen besteht aus Samen von Nadelhölzern sowie Spinnen, Blattläusen und Larven.

Grauer Fliegenschnäpper

Der Name dieses graubraun gefiederten Vogels mit der hellen, gefleckten Brust sagt alles über sein Fressverhalten: Der Grauschnäpper nährt sich von Fliegen, Mücken, Bremsen und schnappt ab und an einen Schmetterling. Manche Fliegenschnäpper jagen im Winter auch nach Würmern oder vertilgen Beeren.

Kleiber

Den gedrungenen Körper bedeckt blaugraues Gefieder, die Brustfedern changieren von weiß bis rostrot, je nach Unterart. Besonders ist nicht nur der schwarze Augenstreifen, sondern auch das Nistverhalten: Der Kleiber klebt die Eingänge von nicht genutzten Bruthöhlen anderer Vögel mit einem Mix aus Lehm und Speichel so zu, dass Marder oder Krähen nicht hindurchpassen. Er wandert auf der Suche nach Ameisen, Raupen, Spinnen, Mai- und Rüsselkäfern sowie allen Arten von Larven an Baumstämmen hinauf und – typisch für ihn: kopfüber – hinunter.

Gartenbaumläufer

Ruckartig bewegen sich diese nur 12 cm kleinen Singvögel die Baumstämme hinauf, beinahe ungesehen, denn ihr Rückengefieder ist gefleckt wie die Rinde, in deren Spalten sie Eier, Larven, Raupen, Blattläuse und kleine Käfer suchen. Ihr langer, spitzer, nach unten gebogener Pinzettenschnabel passt besonders gut zwischen die borkige Rinde von Eichen, Ulmen und Eschen. Anders als der Kleiber kann der Gartenbaumläufer nur aufwärts klettern: In einer Spirale umrundet er die Baumstämme bei seiner Futtersuche.

Zaunkönig

Oft hört man diesen nur bis zu neun Gramm leichten Winzling eher, als das man ihn sieht: Sein Gesang ist kräftig, rollend, vielfältig und erstaunlich laut – vor allem morgens um vier Uhr! Rundlich, oben rotbräunlich und an der Brust fahlbraun bis beige gefärbt, sitzt der Sänger gern mit hochgestelltem Schwanz in Büschen und Hecken von Gärten, Parks und Wäldern – gewöhnlich in der Nähe eines Gewässers. Denn neben Asseln und Spinnen, Ohrwürmern und Wanzen frisst er mit Vorliebe auch kleine Wasserkrebstiere und Kaulquappen.

Die Kleinsäuger

Die meisten kleinen Säugetiere, die sich in unseren Gärten niederlassen, befreien uns ganz unauffällig von den Larven und Insekten, die unsere Pflanzungen verwüsten wollen. Es ist also angeraten, Igel, Spitzmäuse, Fledermäuse oder Eichhörnchen unbehelligt durch den Garten tollen zu lassen.

Spitzmaus

Gern verwechselt der Gärtner dieses Säugetier mit der Wühlmaus oder der Feldmaus, zwei Nagetiere, die schnell zur Plage werden. Doch kann man die Insekten vertilgende Spitzmaus gut an ihrer langen, spitzen Nase erkennen. Spitzmäuse sind Vielfraße, weil sie eine extrem hohe Stoffwechselrate haben: Manche ihrer Arten fressen täglich so viel, wie sie wiegen! Bis zu 18 Gramm an Insektenlarven, Raupen, Würmern, Blattläusen, Spinnen und Schnecken verschwinden da aus dem Garten. Dank ihres giftigen Speichels lähmen die Spitzmäuse auch die doppelt so großen Wühlmäuse oder Kröten. Da sie äußerst schlecht sehen, haben diese Winzlinge die Fähigkeit zur Echoortung entwickelt – ähnlich wie Fledermäuse. Sie senden für Menschen unhörbar hohe Töne aus, deren Echos sie über Art und Aufbau ihrer Umgebung aufklärt.

Igel

Der Stacheligel ist ein flinkes, bis zu 30 Zentimetern großes Säugetier, das zwischen 500 und 2000 Gramm wiegt. Seine bis zu 8000 Stacheln an Rücken und Flanken schützen ihn wirkungsvoll gegen größere Feinde wie Fuchs oder Hund. Auf seiner Nahrungssuche legt der Igel weite Strecken zurück, doch die meiste Zeit ruht er sich aus: Er schläft etwa 17 Stunden täglich! Ist er wach, frisst er alles, was ihm vor seine spitze Nase kommt – Würmer, Insekten aller Art, Gehäuse- und Nacktschnecken, Pilze, Beeren sowie kleine Wirbeltiere und Aas. Die Igel sehen schlecht, haben aber ein sehr scharfes Gehör und einen ausgesprochen feinen Geruchsinn entwickelt.

Braunbrust- und Weißbrustigel sind zwar häufig, stehen aber dennoch unter Artenschutz: Es ist verboten, sie zu jagen, zu fangen oder zu transportieren. Wer sie in seinem Garten beherbergen will, muss sie anlocken. Viele wollen Igel mit Milch oder Käse in den Garten ziehen, weil sie darauf versessen sind. Sie erreichen das Gegenteil: Igel haben eine Laktose-Intoleranz und sterben an diesen Köstlichkeiten. Es ist besser, sie mit Katzen-Trockenfutter als ständigen Gast zu gewinnen, wobei ein natürlicher Garten ihnen eigentlich genug Futter bietet.

Wiesel

Das Wiesel ist der kleinste Fleischfresser in unseren Regionen: Es misst bis zu 20 cm, wiegt aber weniger als 100 Gramm. Typisch für das sehr scheue Tier sind sein rotbraunes Rückenfell und das weiße Fell an Brust und Bauch. Seine Höhle, die mit Federn und Fell seiner Opfer ausgekleidet ist, findet sich in Holzstößen, Steinhaufen, Mauerlöchern oder Baumstümpfen. Das Wiesel lässt sich lieber außerhalb des Gartens nieder, z. B. am Waldrand, in Böschungen, Hecken und Gesträuch.

Seine Hauptmahlzeit sind Nagetiere, vor allem Feld- und Waldmäuse, in deren Gänge es dank seines schmalen Körperbaus bestens eindringen kann. Bisweilen erjagt es auch Jungvögel oder Kröten. Dass es Hühnern nachstellt, ist eine Legende: Es sind Marder, Steinmarder und Iltis, die für Gezeter im Hühnerstall verantwortlich sind. Da das Wiesel große Mengen an Nagetieren vertilgt, ist es sowohl für den Gärtner als auch für den Landwirt ein guter Verbündeter, denn ohne seine Hilfe nehmen Wald- und Feldmäuse leicht überhand.

Maulwurf

Gärtner hassen diesen schwarzen Gesellen, weil er unterirdisch Gänge gräbt und den schönsten Rasen mit seinem Erdaushub verunziert. Doch darf man nicht vergessen, was dieser Säuger verzehrt, nämlich Schädlinge: Bodeninsekten, Würmer, Schnecken und Larven aller Art. Der Maulwurf patrouilliert durch seine Gänge und schnappt sich alles, was sich dorthinein verirrt hat. Ist sein Jagdgebiet nicht mehr ergiebig, schaufelt er sich mit seinen zu Grabwerkzeugen umgebildeten Vorderglied-maßen neue Tunnelsysteme. Deren Reichweite ist also abhängig vom Angebot an Nahrung im Boden. Dazu gehören aber weder Baum- noch andere Pflanzenwurzeln, wie dem schwarz bepelzten Fleischfresser fälschlicherweise nachgesagt wird. Auch wenn es der Gärtner ungern zugeben mag: Durch seine Tunnels sorgt der Maulwurf für die Durchmischung, die Lockerung und Belüftung des Bodens und einen zügigeren Ablauf von Regenwasser.

Rotes Eichhörnchen

Sie sehen sehr sympathisch aus, diese etwa 25 cm großen, roten Nagetiere, deren buschige Schwänze genauso lang sind wie ihr Körper. Gerade Kinder sind entzückt, wenn sie diese so akrobatischen wie scheuen Kletterer zu Gesicht bekommen. Die Eichkätzchen sind vor allem morgens auf Nahrungssuche und flüchten bei der kleinsten Störung in die Bäume, wobei sie den Schwanz beim Klettern als Balancierhilfe und beim Springen von Ast zu Ast als Steuerruder einsetzen.

Sie ernähren sich von Eicheln, Nüssen, Bucheckern, Ahornsamen und den Samen von Nadelbäumen, von Beeren, Würmern, Jungvögeln und Pilzen, von Insekten und Schnecken.

Im Garten ist dieses Mitglied der Hörnchen-Familie nützlich: Seine im Herbst allenthalben vergrabenen Vorräte an Nüssen und Samen keimen im Frühjahr aus. So sorgt der Nager im Garten für Artenvielfalt, in Wäldern und Parks für Verjüngung des Pflanzenbestandes.

Fledermaus

Ein Sympathieträger ist dieser Säuger aus der Ordnung der Fledertiere nicht, dabei ist er dem Menschen sehr nützlich. In Deutschland gibt es 25 Arten dieses nachtaktiven Flattertiers, dessen Flügel sich aus einer Hautmembran zwischen dem pelzigen Körper und den Vordergliedmaßen gebildet haben.

Der Flugkünstler sieht mit seinen Ohren, denn er hat ein spektakuläres System der Echoortung entwickelt: Er sendet Schallwellen aus, nimmt deren Echo auf, wertet es aus und kann sich dadurch sowohl im Raum orientieren als auch Beutetiere aufspüren. Ende Herbst bis März verbringen die Fledermäuse im Winterschlaf. Viele Tiere hängen dann kopfüber nebeneinander und wärmen sich gegenseitig. Für die Begattung erwachen sie kurz, doch bringt das Weibchen sein einzelnes Junges erst zur Welt, wenn das Nahrungsangebot günstig ist. Als Langschläfer verbringen die Leichtgewichte am Tag etwa 20 Stunden in Baumhöhlen, Felsspalten und Ruinen, um nachts vier Stunden lang höchst aktiv nach Insekten zu jagen: In einer Stunde frisst eine Fledermaus mehrere Hundert Mücken und Fliegen – soviel nur zum Thema Nützlichkeit. Da ihr Lebensraum durch immer intensivere Land- und Forstwirtschaft verschwindet und der Gebrauch von Insektiziden ihre Nahrungsquelle versiegen lässt, droht der Fledermaus das Aussterben. Viele ihrer Quartiere fallen dem Abriss und der Neubebauung zum Opfer. Fledermausprojekte versuchen daher die Tiere in Deutschland aktiv zu schützen, indem sie ihnen die notwendigen Winterquartiere bereitstellen.

Den Bedürfnissen der Nützlinge entgegenkommen

Es braucht nicht viel, um die Helfer anzulocken, die unsere Pflanzungen auf natürliche Weise und völlig umsonst schützen. Natürlich müssen diese Nützlinge im Garten die eigenen grundlegenden Bedürfnisse befriedigen können: Sie brauchen Nahrung. Sie brauchen Plätze, wo sie sich paaren bzw. ihren Nachwuchs großziehen können. Sie brauchen Orte zum Überwintern, Schutz vor Wind und Regengüssen.

Wenn der Gärtner den Artenreichtum in seinem Garten fördert, heißt das, dass er weniger Arbeit hat. Es macht den Einsatz von chemischen Mitteln mit verhängnisvoller Wirkung für Gesundheit und Umwelt überflüssig. Je mehr Arten von Flora und Fauna in einem Garten Platz finden, desto mehr wandelt er sich in ein natürliches, sich selbst regulierendes Ökosystem, das sich selbst gegen klimatische Widrigkeiten und Eindringlinge zu schützen weiß. Wer Insekten eine Herberge gibt, sorgt nicht nur für eine zuverlässige Bestäubung in seinem Gemüsebeet, er profitiert auch von ihrem Appetit und ihrem Einsatz gegen Schädlinge.

Den Garten artengerecht und vielfältig planen

Was bedeutet ein Garten? Ein – verglichen mit unserem Planeten Erde – mikroskopisch kleiner Fleck von einem, zehn oder hundert Ar? Ein Tropfen im Ozean, möchte man meinen ... Wenn man aber einen Teil dieser kleinen Fläche dem Erhalt des Artenreichtums widmet und wenn andere ähnlich verfahren, dann addieren sich diese kleinen Flächen zu einer großen und bilden ein Refugium für eine Vielzahl von Tier- und Pflanzenarten.

DIE INDUSTRIALISIERUNG, die Verstädterung und die Intensivierung der Landwirtschaft haben der Artenvielfalt irreparabel geschadet. Als Reaktion darauf hat man bestimmte Areale zu Artenschutzgebieten ausgerufen, wo der Mensch keinen Zutritt und keinen Zugriff mehr hat. Heute verschwinden täglich mehr Arten, vor allem weil ihnen der Lebensraum fehlt. Da aber weder Haus- noch Schrebergärten sich rentieren müssen und keiner Agrarnorm unterliegen, kann jeder Gärtner sich relativ einfach für natürliche Produktionsmethoden von hoher ökologischer Qualität und für biologische Vielfalt entscheiden. Diese Aspekte sollte man bei der Planung und Pflege seines natürlichen Gartens im Hinterkopf behalten.

Sich auf bestimmte Pflanzen einstellen

Nicht selten sucht ein Gärtner, sobald sich ein Problem in seinem Gemüsegarten stellt, reflexartig nach einem Sündenbock – Blattlaus, Raupe, Pilz – und bringt ihn kurzerhand zur Strecke. Doch Probleme treten vor allem dann auf, wenn Pflanzen im Garten am falschen Ort stehen, zur falschen Zeit gepflanzt werden oder nicht für unser Klima geeignet sind. Ein wirklicher wichtiger

Punkt ist die Pflanzung. Man sollte eine Pflanze nicht wegen ihres Aussehens wählen oder weil man sie unbedingt im Garten haben möchte, sondern weil sie aufgrund ihrer spezifischen Eigenheiten in den Garten passt. Ist eine Pflanze ungeeignet für Boden oder Klima, dann fällt sie schnell Krankheiten und Räubern zum Opfer.

Die chemische Keule verbannen

Man beachte, dass jegliche chemische Behandlung, auch diejenige, die beim Gartenbau erlaubt und üblich ist, Auswirkungen auf die Natur hat und dass es besser ist, sich darauf zu verlassen, dass die Artenvielfalt greift. Je stärker Schädlinge mit Insektiziden bekämpft werden, desto mehr Energie legen sie in ihre genetische Anpassung – um dafür zu sorgen, dass ihr Nachwuchs gegen diese Insektizide immun wird und entsprechende Angriffe überlebt.

Wer diese grundlegenden Mechanismen verstanden hat, wird komplexere Abläufe und Beziehungen in seinem Garten schätzen lernen und sich damit begnügen, Probleme mit vernünftigen Mitteln zu lösen. Das heißt, er wird immer Blattläuse und Raupen in seinem Garten haben – aber in einem tolerablen Maß. Jenseits der bewährten Verfahren, die ich Ihnen im Folgenden vorstellen werde, kann man in seinem Garten auch mit anderen Mitteln für Artenvielfalt sorgen, je nachdem welche Spezies man anlocken will, nämlich durch eine simple und kostengünstige Veränderung seiner Oberfläche.

Natürliche Verstecke für Insekten

Die Hecke – eine Herberge für hilfreiche Insekten

Vergessen Sie monotone Thujahecken, Zypernreihen und andere Ziersträucher, die lediglich als Schmuck dienen, aber keinerlei Wert für die Fauna als solche bilden. Zudem hat der pflegerische Aufwand, diese Hecken per Schnitt in Schuss zu halten, schon manchen Gärtner entmutigt. Eine natürliche Hecke hingegen blüht das ganze Jahr über zu verschiedenen Zeiten und lockt kleine vielbeinige Helfer an. Man nennt sie auch Feldhecke oder lebende Hecke: Sie braucht nur alle paar Jahre einen Auslichtungsschnitt, bleibt dabei aber immer dekorativ!

Die Feldhecke

Eine Feldhecke besteht aus regionalen Strauchgewächsen, die an den lokalen Boden und das gängige Klima angepasst sind. Solche Sträucher sind normalerweise sehr kräftig, widerstandsfähig und sehr anziehend für die umgebende Fauna. Man kann, je nach Lust und Laune, auch Beerensträucher dazwischen setzen und immergrüne Sträucher mit solchen abwechseln, die ihre Blätter im Herbst verlieren. Je vielfältiger die Hecke ist, desto mehr unterschiedliche Insekten und Nützlinge wird sie anziehen! Sie wird ihr Aussehen je nach Saison verändern: Einige Sträucher werden im Frühjahr blühen, andere im Sommer. Im Herbst werden ihre Beeren leuchten und die Vögel mästen, die sich vor der kommenden Kälte eine Fettschicht anfressen müssen … Diese Hecke kann auch Kletterpflanzen anziehen, z. B. können sich Waldgeißblatt, Gundermann, Echter Hopfen oder auch die wilde Klematis ansiedeln.

WELCHE ARTEN EIGNEN SICH?
Die lokale Tierwelt locken insbesondere folgende Sträucher an: Sanddorn, Weißbuche, Holzapfel, Wildbirne, Schlehdorn, Hundsrose, Weißdorn, Spindelbaum, Steinweichsel, Kornelkirsche, Berberitze, Roter Holunder, Europäische Stechpalme …

Eine Feldhecke ist nicht nur wesentlich dekorativer als eine Zierhecke, die aus nur einer Art besteht, sie gliedert sich auch perfekt in umgebende Landschaft ein.

Robust und dekorativ

Eine lebendige oder gemischte Hecke ist eine prima Strategie in Sachen Artenvielfalt. Die unterschiedlichen Sträucher, die der Gärtner neben- und hintereinander setzt, sorgen dafür, dass die Hecke dicht zusammenwächst und prall wirkt. Anders als ein monotoner Gartenzaun aus Pflanzen verträgt eine »wilde« Hecke auch blühende Schmuckstücke, wie Hundsrose, Schneeball oder Weißdorn – vor allem, wenn man darauf achtet, dass deren Früchte Vögel und Insekten anziehen. Ihre Aufgaben als Windbrecher und Sichtschutz erfüllt sie erst recht.

WELCHE PFLANZEN EIGNEN SICH?
In einer Baumschule werden Sie schnell fündig: Sträucher wie Johannisbeere, Spierstrauch, Sommerflieder oder Schmetterlingsstrauch, Deutzie oder Maiblumenstrauch, Forsythie, Cotoneaster, Liguster, Rhododendron, Flieder, Pfeifenstrauch ...

Diese gemischten Blütenhecken sind auch weniger krankheitsanfällig als monotone Hecken: Wird ein Strauch von einer Krankheit, einem Parasiten oder einem Pilz befallen, greift das Problem nicht auf einen gleichartigen Nachbarn über. Der befallene Strauch kann eingehen, ohne dass die nebenstehenden darunter leiden.

Für Vögel ist eine derartige Hecke ein Segen: Sie finden in ihr Unterschlupf, Nistmöglichkeit und Nahrung. Dasselbe gilt für Insekten: Bienen profitieren vom Angebot an Nektar und Pollen, Schmetterlinge können ihre Eier ablegen und ihre Raupen leiden keinen Hunger.

Umsetzung

Damit eine gemischte Hecke Sichtschutz bietet, gilt die Faustregel: drei Viertel sommergrüne, also blattverlierende Sträucher, nicht mehr als ein Viertel immergrüne Pflanzen. Ihre Wahl sollten Sie auf die Umgebung abstimmen: Schauen Sie sich an, Sie auf, was in der Umgebung wächst. Denn die Sträucher, die natürlicherweise rund um Ihren Garten stehen, weil sie typisch für die Region sind, sind auch die besten für Ihre Hecke und haben sich bereits als Vogel- und Insektenschutz verdient gemacht. Zudem blühen sie am reichsten.

ACHTUNG: Es ist natürlich keine Option, solche Pflanzen auszureißen und zuhause einzupflanzen. Bestellen Sie sie also bei der Baumschule.
Damit eine gemischte Hecke nicht monoton wirkt, sollten Sie hoch und niedrig wachsende Sträucher durcheinander, vor- und hintereinander setzen, statt in einer Linie. Wechseln Sie zwischen Sträuchern verschiedener Blattformen und mischen Sie sommergrüne Sträucher mit immergrünen. Das gibt der Hecke Volumen und Abwechslung. Der Abstand zwischen den Pflanzen sollte 1,50 m betragen. Zwischen den Reihen brauchen die Sträucher 1 m Platz.

Wenn Sie entschieden haben, welche Pflanzen Sie setzen wollen, können Sie sie bei einer langen Hecke in immer derselben Abfolge pflanzen. So sieht auch eine Feldhecke noch »ordentlich« aus.

FAZIT
Nehmen Sie sich ausreichend Zeit für die Planung Ihrer Hecke und achten Sie beim Pflanzen auf den richtigen Moment. Jeder Strauch und Baum hat seine eigene optimale Pflanzzeit.

Wenn Sie die nötigen Abstände einhalten, dann haben die Sträucher den Platz, den sie für ihre optimale Entwicklung brauchen und ersticken sich nicht gegenseitig.
Einreihig gesetzte Hecken haben den Vorteil, dass sie weniger Platz brauchen. Das ist gerade bei kleinen Gärten ein Argument. Aber diese Hecken erfüllen einfach nicht das, was zwei- oder mehrreihige Hecken bieten:

- Zweireihige Hecken funktionieren als Sicht- und Windschutz.

- Sie erneuern sich selbständig. Stirbt ein Strauch ab, strecken die umstehenden ihre Zweige schnell in den freien Platz hinein.

- Versetzt gepflanzte Hecken bieten auch Platz für Bäume, wie Ahorn, Tulpenbaum, Eberesche oder andere hochwachsende Stämme.

Die Steppe in der Gartenecke

In den meisten Gärten bilden akurat gemähte Rasen ein recht armes Ökosystem. Wer seine Gräser wachsen lässt, hat bald eine Prärie, die vor Leben nur so strotzt: Armeen von Insekten, Vögeln und kleinen Säugetieren lassen sich dort nieder, bereit, die Räuber im Gemüsegarten anzugreifen.

Umsetzung

Sie fallen auf, die blühenden Buntbrachen, die hier und da ganze Felder oder die Ränder von Landstraßen zieren. Wer sie in seinem Garten sehen will, muss ihnen den Boden bereiten und sie ansäen. Idealerweise sucht man dafür einen südlichen, sonnigen Standpunkt ohne »Publikumsverkehr« – sonst werden die Gräser schnell niedergetrampelt.
Eine Buntbrache braucht wenig Pflege. Zweimal pro Jahr mähen oder sensen reicht. Auch wenn es widersprüchlich zu sein scheint: Für die blütenreiche Ökowiese sollte man den Boden auslaugen und keinen Dünger aufbringen. Denn ein reicher Boden lässt bestimmte Pflanzen in die Höhe schießen, die die langsamer wachsenden Arten ersticken. Ist der Boden des gewählten Standorts zu fett, weil er z. B. ein ehemaliger Gemüsegarten ist oder voller Brennnesseln, muss der Gärtner ihn entweder häufig mähen und das Heu entfernen oder ein, zwei Jahre lang Energieräuber anpflanzen: Kartoffeln und Kürbisse lassen den Boden schnell verarmen.

WIE MAN EINE BUNTBRACHE HERANZIEHT

Verschiedene Wege haben sich hierfür als erfolgreich erwiesen. Auf keinen Fall sollte man die Samen direkt in eine Wiese säen. Auch wenn Packungshinweise es manchmal vorschreiben, ist diese Methode nicht effizient, denn die Sämlinge finden zwischen den Graspflanzen einfach keinen Platz. Hier die erfolgreicheren Methoden:

■ **Flächige Aussaat.** Wenn die Oberflächengestaltung des Gartens es erlaubt, pflügt man einen Monat vor der Saat und eggt im Anschluss häufiger, bis ein sauberes Saatbett entsteht. Dann sät man sorgfältig von Hand aus, damit eine gute Keimung garantiert ist und walzt mit der Rauwalze nach. Wenn der Krautbestand sich schließt, zieht man die schwächsten Jungpflanzen heraus, damit die kräftigeren umso mehr Platz haben.

■ **Aussaat als Insel.** Hierfür sticht man Quadrate von etwa 30 cm Kantenlänge um, zerkrümelt die Soden fein, entfernt übrige Graspflanzen und sät dann aus. Die zukünftigen Pflanzen werden stark genug sein, um wiedereindringendes Gras zurückzuhalten. Für ein schnelles Keimen darf man diese Inseln gut angießen und darauf achten, dass sie nicht austrocknen. Die Sämlinge breiten sich im Laufe der Jahre auch auf den übrigen Rasen aus, wenn man den nicht regelmäßig mäht und den Pflanzen die Zeit gibt, Samen auszubilden.

■ **Umpflanzen.** Man kann die Ökowiese auch in Töpfen heranziehen oder die Samen im Gemüsegarten in Reihen ausbringen. Die stärksten Pflanzen pikiert man und setzt sie gemeinsam ins Freie. Die Technik braucht Zeit, erzielt jedoch gute Ergebnisse.

■ **Boden transplantieren.** Hierbei sticht man in einer natürlich gewachsenen, wilden Wiese Quadrate von 20 cm Kantenlänge und mindestens 5 cm Stärke aus dem Boden und pflanzt sie in den eigenen Garten. Natürlich macht man das nicht in einem Naturschutzgebiet, sondern in ausgewiesenem Bauland, wo demnächst die Bagger auffahren, und nach Absprache mit dem Grundbesitzer.

Wer sich Samen für eine Wildwiese im Handel besorgt, sollte den Tütchen mit den einfacheren Blumen den Vorzug geben: Lieber viele einfache Varianten nehmen, als einige wenige schmuckvolle Exoten. Am besten sät man Wiesenpflanzen im Spätsommer aus, damit sie vor dem Winter gut anwurzeln und im Frühling bereits richtig ausschlagen. Egal welche Mischung Sie wählen, sie sollte mehrjährig sein und ein Maximum an keimfähigen Samen enthalten. Es gibt eine reiche Auswahl: Manche Mischungen sind konzipiert, um Bestäuber anzulocken, andere sind für Vögel unwiderstehlich … Wählen Sie auf jeden Fall eine Mischung aus Frühblühern und spät blühenden Sorten, damit Sie Ihre tierischen Gäste einen langen Zeitraum versorgen.

ACHTUNG: Verwechseln Sie die Samenmischung für eine Buntbrache nicht mit Samen für Gräser, wie Persischer Klee, Rainfarn, Weißer Senf oder Echter Buchweizen. Diese schaffen zwar bedeutende Bienenweiden, sie reichern aber den Boden an.

Natürlich kann der Hobbygärtner seine Samen für die Wildwiese auch selbst in der Natur sammeln. Manche keimen im ersten Jahr womöglich nicht, weil sie eine Ruhephase oder kräftige Minustemperaturen brauchen, um keimen zu können.

Bienenweiden

Wer Bestäuber in seinen Garten ziehen will, muss nur die entsprechenden Pflanzen setzen, um Bienenweiden zu schaffen. Ihr Reichtum an Nektar und Pollen lockt unweigerlich Bienen und Schmetterlinge herbei. Es gibt Bienenweiden aller Art – Sträucher, Bäume, duftende, mehrjährige und natürlich, nicht zu vergessen, Wildblumen.

DER ÖKOLOGISCH DENKENDE GÄRTNER

hat natürlich ein hohes Interesse an Bienenweiden, um Insekten in seinen Garten zu holen, die ihm seine Obst- und Gemüsepflanzen bestäuben. Ein Garten, in dem es vor Schmetterlingen, Bienen und anderen Insekten brummt, verspricht eine gute Ernte!

Vom ökologischen Gesichtspunkt aus betrachtet brauchen Insekten, vor allem Bienen, solche Pflanzen in den Gärten, denn ein Großteil des Ackerlandes in unseren Breiten ist erschreckend arm an Bienennahrung: Oft finden Insekten zu wenig Futter. Zwischen mit Pestiziden geschwängerten Feldern, x-fach gemähten Wiesen, die gar keine Blühpflanzen mehr hochkommen lassen und zunehmend kleiner werdenden natürlich belassenen Flächen, bei fehlenden Grüngürteln aus Hecken, die immer größeren Monokulturen geopfert wurden, und mit der Nagelschere gepflegten Gärten voller Neophyten bleiben den Insekten oft nur die Straßenböschungen zur Nahrungssuche! Die Sicherung der Artenvielfalt in der Landwirtschaft ist eine echte Herausforderung, genauso wie die Sicherung des Überlebens der Bienen.

Umsetzung

Bei Bienenweiden denkt man immer an Blühpflanzen, egal ob angesät oder angepflanzt, ein- oder mehrjährig oder Zwiebelpflanzen. Man sollte sich für regionale, ans Klima angepasste Arten entscheiden, die den Boden bestens vertragen und wenig Sorgen machen. Die wichtigsten darunter sind: Büschelblume (Phacelia), Ringelblume, Stockrose, Lilie, Sonnenblume, Glockenblume, Heidekraut, Aster, Anemone, weißer Steinklee, Esparsette, Eisenkraut, Vergissmeinnicht, Akelei, Wicke, Persischer Klee und Borretsch.

Auch unter Kletterpflanzen gibt es gute Lieferanten für Nektar und Pollen: Gundermann, Glyzinie, Geißblatt, Klematis, wilder Wein.

Mit Duft lassen sich Bienen ebenfalls anlocken, um Nektar und Pollen zu sammeln. Starkes Aroma verströmen Minze, Lavendel, Kerbel, Thymian, Majoran, Bohnenkraut, Salbei, Koriander, Melisse, Eisenkraut und viele andere Kräuter.

Nicht zu vergessen: Wilde Pflanzen. Auch wenn sie oft als unerwünscht gelten, als Eindringlinge oder gar »Unkraut«. Sie sind meist anspruchslos, bestens an die Umgebung angepasst und säen sich selbst aus, Jahr für Jahr für Jahr …

Es reicht, ihnen einen Platz im Garten einzuräumen, womöglich einen, der ohnehin schwer zu pflegen ist, eine Böschung oder einen schlecht erreichbaren Zwickel. Welche Pflanzen tauchen auf, wenn man ihnen eine solche Ecke überlässt? Schafgarbe, Senf, Löwenzahn, Rotklee (Wiesenklee), Mohn, Primeln, Gänseblümchen, Kornblumen, Margeriten. Die siedeln sich auch im Rasen an, wenn ihn der Gärtner stehen lässt.

Auch von den Bäumen, die Schatten spenden und einem Garten Volumen nach oben verleihen, bieten einige den Bienen Nahrung im Überfluss: Linde, Robinie (Pseudoakazie), Birke, Eibe, Judasbaum, Rosskastanie, Weide und alle Obstbäume.

FAZIT

Egal welche Pflanzen der Gärtner setzt oder ansät, er sollte die Arten mischen, damit er die Blütezeit von Frühling bis in den Herbst strecken und dadurch viel Nektar und Pollen zur Verfügung stellen kann. Bedenken Sie dabei, dass einfachblühende Pflanzen wesentlich ergiebiger sind, als doppelblütige, denn letztere wurden aus ästhetischen Gründen herangezogen, nicht wegen ihrer Ergiebigkeit für Bestäuber.

Efeu

Anders als viele glauben, ist der Efeu alles andere als ein Parasit oder Schmarotzer. Er nutzt seine Wirtspflanze nur, um an ihr hinauf ins Licht zu klettern. Indem er Baumstämme oder Hausfassaden bedeckt, wirkt er bei Wetterwechseln sogar isolierend. Seine Blätter wandeln sich am Fuß des Wirts in Kompost und er kann – im Gegenteil zur wilden Klematis und dem wilden Wein, die ihre Wirtspflanze erdrosseln können – seinen »Gastgeber« nicht ersticken.

FÜR DEN ARTENREICHTUM ist der Efeu nicht ohne: Er bietet im Winter Schutz vor der Kälte, im Sommer hält er die Sonne ab und für wilde Tiere ist er ein Trumpf. Denn sein Blattwerk sorgt für Nektar und überreichlich Früchte zu Zeiten, wo viele Tiere weder Schutz noch Nahrung finden. Von September bis Oktober treibt der Efeu gelbgrüne Blüten, die von März bis Mai schwarze Beeren ausbilden.

ACHTUNG: Für den Menschen sind diese Beeren giftig, nicht jedoch für die Vögel. Zitronenfalter, Hummeln, Wespen und Bienen versorgen sich mit seinem Nektar ab September, um genügend Reserven für den Winter zu bilden. Und viele Nachtschmetterlinge verkriechen sich tagsüber in seinem dichten Blattwerk. Der Efeu beherbergt auch gerne andere Schmetterlinge sowie verschiedene Raupen. Seine Beeren nähren Sperlinge, Eichelhäher, Meisen, Tauben und Turteltauben, wenn gegen Ende des Winters die Nahrung knapp wird.

Viele nützliche Insekten, wie Schweb- und Florfliegen, Marienkäfer und Taghafte verkriechen sich bei Wind oder Regengüssen in seinem widerständigen Blattwerk. Zaunkönig, Amsel und Rotkehlchen nisten genauso in ihm wie Spitzmäuse oder Eichhörnchen. Er ist also sowohl tierischer Schutzraum wie Speisekammer, doch auch für uns Menschen nützlich: Denn er nimmt das Benzol aus der Atmosphäre auf. Manche Gärtner nutzen ihn als Bodendecker, wobei er die Entwicklung anderer, unerwünschter Pflanzen verhindert und die Wasserverdunstung mindert. Manche Züchter lassen ihre Ziegen im Winter oder während Trockenperioden Efeu fressen. Und nicht zuletzt ist das Purin im Efeu ein bewährtes Mittel gegen weiße Fliegen, Milben und Blattläuse.

FAZIT

Thermischer Schutz für Bäume, Dünger, Refugium und Speisekammer für viele Tiere, Entgifter, natürliches Herbizid und Insektizid ... Warum also den Efeu ausreißen?

Er wird vielfach geschätzt, weil er Farbe in wenig freundliche Gartenecken bringt. Zudem braucht er wenig Wasser und ist als Pionierpflanze nicht heikel, was unergiebige Böden anbelangt. Um Zäune oder alte Mauern zu bedecken, eignet er sich ideal. Man sollte ihn bremsen, wenn er sich an alten Bäumen oder an Obstbäumen hinaufrankt, denn sie vertragen ihn schlecht: Schneiden Sie ihn im Sommer zurück, damit er die Bäume nicht am Wachsen hindert.

Hilfreiche Wucherblume im Fokus

Das Tanacetum, ein krautiger Korbblütler, zu dem der Rainfarn, die Frauenminze und das Mutterkraut gehören, hilft dem Gärtner auf natürliche Weise gegen bestimmte Räuber und bietet einer Reihe anderer Arten Schutz.

DER GELB BLÜHENDE RAINFARN gehört zu den Asternartigen und ist eine ausdauernde, urige, stark wuchernde Pflanze. Wild wachsend findet man ihn in Hecken und an Feldrändern. Seine harten Stängel, die in gelben Dolden enden, werden bis zu 1 m hoch. Seine dunkelgrünen Blätter sind gefiedert und duften stark. Während man diese Pflanze früher als Zierpflanze schätzte, weiß man heute um ihre Stoffe, die Insekten abwehren: Kampfer, Thujon und Borneol. Andere Insekten hingegen zieht der saftige Nektar des Rainfarns an, bis er verblüht ist: Bienen, Hornissenschwebfliegen, Schmetterlinge tummeln sich um ihn. Man nennt ihn auch Blattlauspflanze, denn sein Saft zieht manche Läuse magisch an. Wissenschaftler fanden heraus, das bestimmte Substanzen der Wucherblume lieber das Orientierungsvermögen der Insekten außer Kraft setzen, als sie aktiv zu verscheuchen. Ihre Untersuchungen wiesen auch fungizide Fähigkeiten beim »Tanacetum vulgare« nach. Wer ihn also rund um seine Gemüsebeete ansiedelt, der hält Ameisen, Fliegen und Kohlweißlinge fern. Auch zahlreiche Milbenarten sowie die weiße Fliege meiden seinen Duft. Kartoffelkäfer, Apfelwickler und der Kohlweißling legen ihre Eier nicht in seiner Nähe: Seine Ausdünstungen würden deren Entwicklung blockieren. Die biologisch-dynamische Landwirtschaft setzt Pulver aus getrockneten Blüten von Tanacetum-Arten gegen Pflanzenrost und gegen falschen Mehltau bei Kartoffelpflanzen ein.

Rainfarn

Kapuzinerkresse

Lieblinge der Läuse

Der Schrecken aller Gärtner, die Blattlaus, hält den Rekord im Angriff auf unsere behüteten Setzlinge. Nur wenige Pflanzen entkommen ihr. Natürlich haben wir den Marienkäfer als Nothelfer, aber es gibt noch wirkungsvollere Vorsichtsmaßnahmen: Man kann seinen Garten durch Pflanzen schützen, die Blattläuse anziehen. So beschäftigt man die Biester und schützt die Kulturen.

Wer Marienkäfer anlocken will, muss Läuse fördern!

Es gibt überraschende Methoden, die sehr widersprüchlich anmuten. Anstatt die Räuber zu verscheuchen, kann der biologisch denkende Gärtner – in einiger Entfernung von seinem Gemüsegarten – auch Pflanzen ansäen, die Blattläuse anziehen: Kapuzinerkresse und Tabakpflanzen gehören dazu. Sie locken die Schädlinge vom Gemüsebeet weg. Hat sich erst einmal eine ganze Kolonie in ihnen niedergelassen, dann lockt diese wiederum Marienkäfer, Schwebfliegen und andere Nützlinge herbei, die sich an ihnen gütlich tun und in den Gemüsegarten weiterziehen, falls sich die Blattlausplage allen Ablenkungsmanövern zum Trotz auch dort festgesetzt haben sollte.

Die Brache – das Paradies für Insekten

Was kennzeichnet eine Brache? Es ist ein Stück Land, nicht bebaut, nicht beackert, nicht bepflanzt, sondern wahllos besiedelt von den Pflanzen, die in unserer Region heimisch sind. Erst schlagen dort einjährige, dann zweijährige und schließlich mehrjährige »Unkräuter« Wurzeln. Nach einiger Zeit ziert ein dichter Pflanzenteppich solche Flächen. Die meisten Menschen finden das »ungepflegt«, doch diese Unordnung ist für eine Vielzahl von Insekten der Himmel auf Erden. Die Bestäuber finden dort unterschiedlichste Blüten, Schmetterlinge nutzen die Blätter zur Eiablage, Raupen entfalten sich und räuberische Insekten machen dort reichlich Beute.

Umsetzung

Am besten lässt man im Garten den Teil brach liegen, der ohnehin schwer zu bepflanzen ist, sei es, weil er zu steinig ist, zu feucht, in einem schlechten Winkel zum Nachbargrundstück liegt, an einer Böschung oder an der Rückseite einer Mauer. Diese natürlich belassene Fläche wird über die Jahre zunächst von Kräutern, dann von Sträuchern, dann von Bäumen besiedelt und schließlich ein geschlossenes, in sich ausbalanciertes Ökosystem bilden. Je mehr unterschiedliche Ebenen die Vegetation dabei ausbildet, desto mehr Tierarten werden darin Zuflucht finden.

Wer seine Brache als Krautschicht erhalten und die Entwicklung von Sträuchern und Bäumen verhindern will, der reißt die jungen Baumpflanzen alle drei bis fünf Jahre aus und beschneidet die Sträucher. Diese Aktion sollte an einem Stück stattfinden: Dann kommen die Bewohner nach der »Ruhestörung« wieder zurück. Wer dem Gehölz seinen Raum lässt, kann die Natur bei ihrer Arbeit beobachten: Ein neues Ökosystem bildet sich aus. Man kann auch einfach ein Stück Rasen nicht mehr mähen oder den Randstreifen eines Beetes nicht jäten und die Natur wird sich diesen Boden zurückerobern. Nach drei bis vier Jahren sollte man diese Brachen wieder kultivieren und dafür ein anderes Stück Garten brach liegen lassen. Selbst wenn Sie nur ein Beet Ihres Gemüsegartens ein Jahr ruhen lassen, werden sich dort einjährige Kräuter und Insekten ansiedeln. Dabei wird sich auch noch Ihr Boden erholen!

Schmetterlings Lieblingsgrün

Für seine Entwicklung ist der Schmetterling auf bestimmte Wirtspflanzen angewiesen. Solche Wirtspflanzen sind quasi die Symbole der engen Beziehung zwischen Tier- und Pflanzenwelt. Sie sind sowohl der ideale Platz für die Eiablage, als auch die Speisekammer der heranwachsenden Raupen.

SCHMETTERLINGE UND FALTER, auch Lepidoptera genannt, sind Insekten, die im Lauf ihres Lebens verschiedene Gestalten annehmen: Um von der Larve zum Falter zu werden, ist eine komplette Wandlung, eine Metamorphose, nötig. Aus dem vom weiblichen Falter gelegten Ei schlüpft eine Raupe, die Larve. Sie verpuppt sich, spinnt sich also in einen Kokon ein – und aus diesem schlüpft der erwachsene Schmetterling. Viele Schmetterlingsarten sind »polyphag«, d. h., ihre Raupen ernähren sich von unterschiedlichen Pflanzen, doch manche Arten überleben nur dank einer einzigen Wirtspflanzenart.
Der erwachsene Schmetterling hingegen hat keine bestimmten Vorlieben: Er saugt den Nektar unterschiedlichster Blüten. Das Weibchen besucht jedoch ganz bestimmte Pflanzen zur Eiablage, damit der Nachwuchs für seine Bedürfnisse optimal ernährt wird. Im Raupenstadium werden die späteren Schmetterlinge ein Maximum an Energie daran wenden, diese Wirtspflanze mit ihren starken Mundwerkzeugen niederzufressen.
Wie eng die Bindung zwischen Wirt und Raupe ist, zeigen Farb- und Formgebung der Raupen: Viele Arten tarnen sich perfekt, indem sie Muster und Tönung der Wirtspflanze annehmen. Mit seinen dunklen Punkten und Streifen auf weißer Grundfärbung schützt sich der Birken-

Raupe des Totenkopfschwärmers auf einem Pfaffenhütchen

WIRTSPFLANZEN, DIE FALTER ANZIEHEN UND IHRE RAUPEN ERNÄHREN:

- Acker-Witwenblume
- Baldrian
- Borretsch
- Echter Lavendel
- Echter Thymian
- Echter Wundklee/ Tannenklee
- Esparsette
- Feldulme
- Fenchel

- Fingerhut
- Futterwicke
- Gelber Blasenstrauch
- Gemeine Schafgarbe
- Gewöhnlicher Hornklee
- Glockenblume
- Große Brennnessel
- Kirsche
- Luzerne
- Majoran

- Margerite
- Minze
- Quendel
- Skabiosen-Flockenblume
- Stockrose
- Veilchen
- Weißdorn
- Weißer Mauerpfeffer
- Wilde Pflaume

spanner im Geäst der Birken erfolgreich vor Fressfeinden. Seine Raupen imitieren in grün oder braun, schmal und länglich geformt, mit punktförmigen Auswüchsen die jungen Ästchen der Birke.
Dasselbe gilt für die Puppen. In diesem Zustand sind die Insekten vollkommen wehrlos. Ihr Leben hängt einzig von ihrer Fähigkeit ab, ihre Wirtspflanze imitieren zu können.
Beim Schwalbenschwanz produziert die Raupe bei der Verpuppung zuerst einen Gespinstfaden und befestigt ihn an der Wirtspflanze. Der grüne Kokon hängt mit diesem Faden in einem Winkel vom Ast, der ihn wie ein Blatt wirken lässt. Wenn der Schmetterling eine Wirtspflanze wählt, weiß er, dass die biologischen Reserven für das Überleben seiner Art gegeben sind und er nicht weiterziehen muss, um ein zur Fortpflanzung geeignetes Revier zu finden. Der Gärtner bietet es ihm, indem er neben Sträuchern auch gelb und lila blühende, duftende Blumen setzt, die den Faltern ausreichend Nektar bieten.

Lassen Sie Ihren Gemüsegarten erblühen!

Kohlblüten, Lauchblüten, Zwiebelblüten sind äußerst anziehend für Bestäuber. Noch vor 50 Jahren, bevor die Konsumgesellschaft ihren Höhepunkt erreichte, ließen die Gärtner Gemüsepflanzen stehen, um ihre eigenen Samen heranziehen zu können. Um Zeit zu sparen oder um größeres, schöneres, produktiveres Gemüse ernten zu können, kaufen die meisten Gärtner heute ihre Samen. Hybrid- oder gentechnisch verändertes Saatgut beschleunigt dieses Phänomen.

WER SEINEN LAUCH blühen lässt oder seinen Salat, um die Samen zu ernten, lädt eine ganze Reihe von Insekten zum Fünf-Sterne-Menü. Außerdem haben einige Gemüsepflanzen außerordentlich schöne Blüten: Die zartblauen Blütenstände des Chicoree, die weißen Kugeln der Zwiebel mit ihren vielen, winzigen Blüten ... Gerade Zwiebeln werden manchmal dekorativ in Masse eng aneinandergesetzt.

Bestimmte Doldenblütler, wie Petersilie, Dill, Kerbel, Fenchel und Sellerie ziehen am Ende des Sommers die Bestäuber auf ihrer Nahrungssuche an. Weiße oder gelbe Dolden aus vielen winzigen, niedrigen Blüten locken vor allem Insekten mit kurzen Zungen oder Rüsseln, also sind nur wenig Bienen und Schmetterlinge an ihnen zugange, aber es herrscht ein stetiger Tanz von Schwebfliegen und Wespen.

Pflanzen für die Gründüngung brach liegender Gemüsebeete müssen voll aufblühen, bevor sie gemäht und untergepflügt werden. Die meisten von ihnen enthalten sehr viel Nektar, wie z. B. die Phacelia oder Büschelblume, der Buchweizen oder der Weiße Senf – wegen seiner Blüten auch Gelber Senf genannt. Unter den richtigen Bedingungen, bei Wärme und ohne Wassermangel, können sie sehr schnell erblühen. An ihren Blüten laben sich alle Insekts, die Nektar oder Pollen suchen.

Die Phacelie zieht darüber hinaus Schlupfwespen an, die ihre Eier in Blattläusen und Raupen ablegen ...

Manche Baumschulen arbeiten ökologisch, indem sie Büschelblumen zwischen ihre Stämmchen säen, um so die Schädlinge zu dezimieren.

Phacelie, Büschelblume, Bienenweide oder Bienenfreund

Schädlinge abschrecken

Bestimmte Pflanzen wirken auf parasitäre Insekten wie ein Streifenwagen auf den Einbrecher. Sie entwickeln Säfte oder Düfte, die die Parasiten in die Flucht schlagen, sobald sie Wurzeln, Blättern oder Blüten entströmen. Viele Gewürzpflanzen und viele medizinisch bedeutsame Kräuter verscheuchen Räuber dank ihres starken Geruchs. In diesem Kapitel zeige ich Ihnen Schädlinge und Pflanzen, die sie meiden, die also Ihren Gemüsegarten vor Befall schützen.

Rote Spinne

Gemeine Spinnmilben oder Tetranychidae stechen die Blattunterseiten an, um sich von den Säften der Pflanze zu ernähren. Das Blatt selbst bekommt dadurch zu wenig Saft und welkt. Vor allem Jungpflanzen sind Milbenbefall wenig gewachsen. Die Rote Spinne (Panonychus ulmi) ist bei Wein- und Obstbauern gefürchtet. Dill und Koriander halten sie in Schach.

Flohkäfer

Die Flohkäfer gehören als Gruppe zu den Blattkäfern. Die Winzlinge können dank stark entwickelter Hinterbeine sehr weit springen, daher der Name. Sie fressen kleine runde Dellen und Löcher in die Blätter von Rüben und Rettichen. Kapuzinerkresse, Studentenblume oder Tagetes, Rauke und Calendula vertreiben die Flohkäfer.

Apfelwickler

Er kann die ganze Obsternte zunichte machen, dieser kleine, braungraue Falter, der in der Dämmerung aktiv ist. Seine Raupen entwickeln sich in Äpfeln, Birnen, Pfirsichen, wo sie sich zum Kerngehäuse vorfressen. Den sprichwörtlichen Wurm im Apfel vermeiden Sie mit Kapuzinerkresse oder mit Beifuß (Artemisia vulgaris). Fast alle Artemisia-Arten produzieren Bitterstoffe, die Insekten abwehren.

Kartoffelkäfer

Weil der Kartoffelkäfer aus Amerika nach Europa eingeschleppt wurde, hat er keinen natürlichen Feind in unseren Regionen. Er befällt Nachtschattengewächse wie Auberginen, Tomaten, Paprika und Kartoffeln. Um ihn daran zu hindern, kann der Gärtner Knoblauch, Basilikum, Borretsch, Kapuzinerkresse, Lein bzw. Flachs, Studentenblume bzw. Tagetes, Ringelblume oder Rainfarn zwischen die Beete setzen.

Man kann die Kartoffelkäfer aber auch mit der Engelstrompete anlocken. Die Weibchen legen in diesem Nachtschattengewächs aus Südamerika ihre Eier ab. Kaum sind die Larven geschlüpft, sterben sie an den von der Pflanze produzierten Substanzen.

Aber Achtung: Alle Pflanzenteile der Engelstrompete sind stark giftig!

Ameise

Die an sich nützlichen Ameisen können im Garten sehr lästig werden, vor allem, wenn man Blattläusen eine Kinderstube bieten möchte. Artemisia-Arten, Basilikum, Lavendel, Melisse, Minze, Salbei und Rainfarn sorgen dafür, dass diese Gliederfüßer verduften – im Wortsinn.

Stechmücke

Mücken aller Art verabscheuen den Geruch von Zitronengras. Dieses asiatische Süßgras lässt sich zur Abwehr gut anpflanzen. Aber auch alle anderen Pflanzen, die nach Citrus duften, z. B. die Zitronenmelisse, Zitronenthymian oder Zitronenverbene eignen sich. Außerdem vertreiben auch Duftpelargonien, Wermut, Waldmeister, Lavendel, Minze und Rainfarn die Stechmücke.

Fliege

Diese Zweiflügler sind sehr, sehr zahlreich und es gibt jede Menge Arten von ihnen. Meistens denkt man dabei an schwarze Tiere mit durchsichtigen Flügeln, die die Nähe von Menschen suchen, doch tatsächlich bewirtet fast jede Pflanze im Gemüsegarten eine eigene Fliegenart. Es sind dabei die Larven, die den größten Schaden anrichten.

Dagegen helfen Basilikum, Lavendel, Pfefferminze, Rosmarin, Echtes Bohnenkraut und wiederum der Rainfarn. Manche Pflanzen kann man noch gezielter einsetzen:

- Fliegen im Spargel: Ringelblume
- Fliegen in den Zwiebeln: Karotte, Sellerie
- Fliegen in den Karotten: Knoblauch, Tomate, Basilikum, Schnittlauch, Blattsalat, Lauch
- Kohlfliegen: Radieschen, Salbei, Thymian
- Fliegen in Gurken: Brokkoli, Oregano, Radieschen

Kohlweißling

Der Kohlweißling ist ein hübscher weißlich-grüner Falter. Seine gelb-schwarze Raupe aber richtet großen Schaden in Blumenkohl, Wirsing, Brokkoli und anderen Kohlarten an. Das Weibchen dieses Tagfalters erkennt man an den schwarzen »Augen« auf den Flügeln. Es meidet einige Pflanzen bei der Eiablage, nämlich Sellerie, Kapuziner-kresse, Kosmeen oder Schmuckkörb-chen, Studentenblume, Ringelblume, Rainfarn und Tomate. Außerdem verabscheuen die Raupen des Kohlweiß-lings den Borretsch. Säen Sie dieses strahlend blau blühende Raublattge-wächs zwischen die Kohlreihen und Sie machen auch den Bienen eine Freude.

Nematoden

Fadenwürmer oder Älchen heißen diese winzigen Parasiten aus dem Boden, die Schäden an Wurzeln, Blättern und Zwiebeln anrichten. Sie sind sehr schwer zu bekämpfen. Als Vorsichtsmaßnahme pflanzt der Gärtner Tagetes und Dahlien neben die Pflanzen, die gerne befallen werden.

Kleiner Kohlweißling

Cremeweiß mit grauen Augen und kleiner als sein großer Cousin, aber in Raupenform ebenso gefährlich! Gegen ihn helfen Dill, Beifuß, Pfefferminze und Zwiebel.

Lauchmotte

Die grünlichen Larven dieses nachtakti-ven Falters richten schwere Schäden in Zwiebelkulturen an. Bemerkt der Gärtner die hellen Flecken, die sie an Pflanzen hinterlassen, ist meist schon die Wurzel angefressen. Die Karotte jedoch stößt sie ab, und daher sollte man Karotten und Zwiebelgewächse zeitgleich nebeneinander ansäen.

Hausmutter

Die Raupen des nachtaktiven Haus-mutter-Schmetterlings wirken wie ein winziger grüner Wurm. Manche fressen sich in die Blätter, andere ins Wurzelwerk junger Pflanzen. Besonders im Salat lassen sie sich gern nieder. Das vermeidet man, indem man Rainfarn oder Rosmarin um das Salatbeet pflanzt.

Himbeerkäfer

Die weißlichen Maden in Himbeeren sind die Larven des Himbeerkäfers. Sie befallen auch Erdbeerpflanzen, Kirsche, Pflaume und Maulbeerbäume. Die braungrauen Falter legen ihre Eier in die Himbeerblüten. Ihre Larven fressen die Früchte von innen auf. Einmal angenagt, fault die Beere. Vergissmeinnicht und Studentenblume sind sehr effektiv gegen diesen Schädling, wenn man sie am Fuß des Himbeerstrauchs setzt.

Bewährte Grundlagen für ein naturgemäßes Gärtnern

Um Insekten und generell eine Vielfalt an Arten in seinem Garten heimisch zu machen, muss man vor allem die Vorgehensweisen abstellen, die ihnen Schaden bringen. Wer sich die Regeln eines Ökosystems zu Herzen nimmt und die Beziehungen zwischen Räubern und Beutetieren in Betracht zieht, wird unerwünschten Eindringlingen schnell Herr werden. Dabei eignen sich nicht nur die im vorigen Kapitel beschriebenen Pflanzen, sondern auch die Einrichtung spezieller Habitate, je nach Art des Gartens und der Arten, die man anlocken möchte. Mit etwas Aufwand kann man ganzjährig Leben in den Gemüsegarten bringen.

Tümpel

Tümpel

Stehendes Wasser ist wie ein Speicher für die Fauna im Garten: Das Wasser zieht Tiere an. Leider haben sehr wenige Gärten eine Wasserstelle, wo Insekten und andere Helfer des Gärtners sich erfrischen können.

DIE LÖSUNG? Ein kleiner, je nach Möglichkeit unregelmäßig geformter Teich oder Tümpel mit unterschiedlichen Wassertiefen – weniger als 80 cm an der tiefsten Stelle – und gemischtem Pflanzenbestand am Ufer. Sein Wasser steht und wird durch Regen oder durch Dachwasser regelmäßig erneuert. Damit er funktioniert, braucht der Teich ein Steilufer und eine flache Uferböschung. Mit Recht fürchtet jeder Gärtner, dass sich sofort Stechmücken ansiedeln. Das vermeiden die Pflanzen, die er um seine Wasserstelle herum setzt. Denn sie ist ein Mikro-Ökosystem, wo Pflanzen und Tiere interagieren. Wenn ein Glied dieser Kette fehlt, dann hat dieser Mangel schnell katastrophale Folgen. Auch wenn solche »Pfützen« immer als Mückennester betrachtet wurden, bieten sie doch auch ideale Bedingungen für Mückenfresser wie die Libelle. Ein vergessener Eimer Wasser, der in einer Gartenecke vor sich hin modert, bietet viel bessere Bedingungen für Mückenlarven und verursacht eine viel größere Mückenplage!

Umsetzung

In wilden Teichen wachsen Wasserpflanzen wie die gelbe Seerose. Ihre großen Blätter geben der Wasseroberfläche Schatten. Gelbe Sumpf-Schwertlilie und Mädesüß sollten am Steilufer stehen. Rohrkolben und Binsen sorgen für Struktur, müssen aber in der Ausbreitung eingedämmt werden. Viele Tiere, wie die Kröte und die Libelle, leben nicht im Wasser, brauchen es aber für ein Entwicklungsstadium, weil ihr Nachwuchs darin aufwächst. Räuberische Insekten, wie Schwimmkäfer und Wasserwanze bzw. Rückenschwimmer, leben ganzjährig im Wasser. Mauerbienen finden am Wasser den Schlamm, den sie für den Nestbau brauchen.

Sobald die Tage wärmer werden, versammeln sich Amphibien – Kröten, Frösche, Molche – am Wasser, um sich zu paaren. Ihre Kaulquappen finden unter Wasser die Nahrung, die sie zum Wachsen benötigen.

Auch Libellen werden den Tümpel schnell bevölkern: Sie legen dort ihre Eier und jagen Beutetiere, z. B. Mücken. Auch die Wasserläufer – Wanzen die flink über den Wasserspiegel gleiten – werden sich auf ihrer Suche nach Mücken umgehend ansiedeln. Legt der Gärtner auch seichte Uferpartien an, stellen sich Vögel ein, um dort zu trinken und zu baden. Da Wasserpflanzen sich sehr rasch entwickeln, muss man für den Anfang nur wenige setzen. Und sobald sie sich eingewöhnt haben, spätestens zu Jahresende, muss man ein Drittel herausziehen, sonst wächst der Teich zu. Werfen Sie die gejäteten Pflanzen auf den Kompost, der Gemüsegarten wird es Ihnen danken!
Man kann den Teich auch zuwachsen lassen, um ein ganz spezielles Milieu entstehen zu lassen und ihn erst nach mehreren Jahren völlig neu anlegen. So ein Zyklus lässt andere Arten zuwandern, weil er andere Habitate entstehen lässt.

ACHTUNG, EXOTEN!

Manchmal verlieren Tiere plötzlich das Interesse an Teichen oder kommen gar nicht erst. Der Grund? So manches Gartencenter verkauft Exoten, die gar nicht in unsere heimische Flora und Fauna gehören. Goldfische oder Schmuckschildkröten fressen alles nieder, was sich ihnen in den Weg stellt. Auch ägyptischer Lotus und Amazonas-Riesenseerose sind gebietsfremde Pflanzen, Neophyten, die mehr Schaden bringen als Nutzen: Ihre Ansiedlung hat verheerende Konsequenzen für die heimische Fauna. Ein dramatisches Beispiel ist der Japanische Staudenknöterich: Seitdem er Anfang des 19. Jahrhunderts als Futterpflanze aus Asien nach Europa gebracht wurde, breitet er sich ungehemmt aus und zerstört zahlreiche Ökosysteme, vor allem an Ufern von Flüssen und Bachläufen. Er verdrängt die heimischen Arten und gefährdet die Biodiversität.

Holz stapeln

Ohne dass man sich groß darum kümmern muss, zieht ein Holzstapel in einer Gartenecke eine Vielzahl unterschiedlicher Tiere und Pflanzen an. Sie alle suchen in ihm Zuflucht vor ihren Fressfeinden, einen sicheren Platz für ihre Nester, Unterschlupf vor Regengüssen oder verbringen zwischen den Scheiten den Winter.

HOLZSTAPEL bieten Platz für zahlreiche Insekten: Marienkäfer, Ohrwürmer und Florfliegen verbringen den Winter dort, geschützt vor ihren Feinden und der Kälte. Kröten, Molche und Salamander verkriechen sich in den Partien, wo das Holz besonders feucht ist und verspeisen nachts das, was sich dort ebenfalls einstellt: Schnecken, Larven, Asseln. Igel bauen sich mit Moos und toten Blättern gepolsterte Nester in Holzhaufen, in denen sie bis April überwintern.

Weil das Holz nach und nach vermodert, siedeln sich Flechten, Pilze und Moose an. Außerdem natürlich Gliederfüßer, die sich von Holz ernähren – die Xylophagen. Mit dem verdauten Holz reichern sie den Boden an.

Mit der Zeit kommen womöglich der stark gefährdete Hirschkäfer und der in ganz Europa geschützte Alpenbock vorbei, um ihre Larven ins Holz zu legen. Nur keine Furcht: Diese Insekten wollen weder Ihren Obstbäume noch Ihren Gemüsepflanzen ans Leder – sie fressen moderndes Holz, nicht gesunde Stämme. Und natürlich ziehen diese Larven wiederum Grünspechte oder Buntspechte auf ihrer Jagd nach Insektenlarven und Würmern an.

Man weiß ja nie, was man mit den Ästen machen soll, die vertrocknet vom Baum fallen oder mit dem Holz gefällter Bäume und fährt es meist zum Wertstoffhof.

Legen Sie es lieber in eine Gartenecke! Je weiter es verrottet, desto artenreicher werden seine Bewohner aus Fauna und Flora. Daher ist es sinnvoll, große Äste und Klötze in einer schattigen und feuchten Ecke des Gartens zu stapeln und sie mit trockenem Herbstlaub zu bedecken.

Trockenmauern

Oft verzweifelt ein Gärtner daran, dass der Boden seines Gemüsegartens so humusreich ist. Natürlich brauchen seine Pflanzen Mineralstoffe und Spurenelemente, damit sie gut wachsen und ihren Fortbestand sichern. Aber bestimmte Pflanzen, und dazu gehören eben die meisten Kräuter, brauchen entgegengesetzte Bedingungen.

MIT AROMATISCHEN KRÄUTERN bepflanzte Trockenmauern oder ausgefallenere Konstruktionen wie steinerne Spiralen, bieten vielen Tieren Platz, vor allem Insekten. Sie nutzen die Ritzen zur Eiablage, zum Überwintern oder als Jagdrevier. Die Steine erwärmen sich und bilden ein besonderes, trockenes und oft kalkhaltiges Mini-Ökosystem aus, das in der Natur immer seltener vorkommt.

Im Verbund pflanzen – eine nachhaltige Strategie

Wer bestimmte Arten miteinander großzieht – man nennt es auch Vergesellschaftung –, erzielt nicht nur reiche Ernten, sondern hat auch einen besonders schönen Gemüsegarten, der ihm sogar noch die Bekämpfung von Schädlingen erleichtert. Diese Technik der Mischkultur basiert auf den Beobachtungen und Erfahrungen vieler Hobbygärtner und Landwirte.

Umsetzung

Damit man die richtigen Pflanzen zueinander bringt, muss man einige Grundsätze beherzigen. Doldenblütler wie Fenchel und Dill schützen sich gegenseitig. Hülsenfrüchtler oder Leguminosen wie Bohnen oder grüne Erbsen reichern den Boden mit Stickstoff an. Also pflanzt man sie zu Füßen von Tomaten oder Gurken, weil diese Stickstoff benötigen. Hingegen bilden Zwiebeln und Knoblauch mit Hülsen-früchtlern keine gute Lebensgemeinschaft. Bestimmte Kräuter wiederum können Schädlinge mit ihrem Duft vertreiben.

- **Dill** kann man neben Karotten und Gurken ziehen, denn er fördert das Wachstum und hält Schädlinge fern.
- **Knoblauch** verträgt sich bestens mit Karotten und Roten Beeten. Setzen Sie ihn in Reihen daneben. Er verträgt sich jedoch nicht mit Kohl, Bohnen und Erbsen.
- **Basilikum** vertreibt Mücken und Fliegen. Unter Tomaten, Paprika, Pfefferschoten und Auberginen passt es perfekt.
- **Borretsch** verjagt Schnecken, hält Kartoffelkäfer und Tomatenmotte bzw. Tomatenblattminierer fern. Zwischen Kartoffelreihen, Kohl und Tomaten leistet er gute Arbeit.
- **Studentenblume** oder Tagetes schützen fast alle Pflanzen gegen schädliche Insekten. Als Bordüre oder in einer Ecke des Gartens pflanzen!

WAS FÖRDERT WAS?

Artischocke	Saubohne oder Puffbohne
Aubergine	Grüne Bohne
Grüne Bohne	Kartoffel, Karotte, Gurke, Blumenkohl, Aubergine, Rübe, Sellerie, Spinat
Erbsen	Weiße Rübchen, Gurke, Karotte, Radieschen, Kartoffel
Erdbeerstrauch	Borretsch, Thymian
Feldsalat	Lauch, Weiße Zwiebel
Karotte	Lauch, Zwiebel, Salat, Erbse, Radieschen, Tomate, Buschbohne, Schnittlauch, Koriander
Kartoffel	Bohnen, Mais, Kohl, Erbsen, Saubohnen
Knoblauch	Rübe, Erdbeerstrauch, Salat, Karotte, Tomate
Knollensellerie	Radieschen, Rübe, Erbsen, Bohne
Kürbis	Salat
Lauch	Zwiebel, Tomate, Karotte, Lauch, Sellerie
Petersilie	Tomate
Radieschen	Erbsen, Salat, Karotte, Spinat
Salat	Blumenkohl, Dill, Karotte, Radieschen, Gurke, Kürbis, Lauch
Schalotten	Rübe, Salat, Tomate
Schnittlauch	Karotte, Gurke
Sonnenblume	Gurke
Spinat	Rübe, Salat
Stangensellerie	Lauch, Tomate, Blumenkohl
Tomate	Knoblauch, Zwiebel, Karotte, Sellerie, Lauch, Basilikum, Petersilie
Weiße Rübchen	Erbsen, Rosmarin, Minze

WAS HEMMT WAS?

Basilikum	Weinraute
Bohne	Zwiebel, Knoblauch, Schalotte, Tomate, Fenchel
Fenchel	Tomate, Erbsen, Schalotte
Erbsen	Knoblauch, Schalotte, Zwiebel, Lauch
Gurke	Kartoffel, Tomate
Karotte	Rübe
Kartoffel	Tomate, Kürbis, Karotte, Zwiebel
Kerbel	Radieschen
Knoblauch	Erbsen, Bohnen, Kohl
Kohl	Tomate, Zwiebel
Kürbis	Kartoffel
Melone	Gurke
Radieschen	Kerbel
Salat	Petersilie
Schalotte	Erbsen, Bohne
Tomate	Bohne, Gurke, Kartoffel, Rübe,
Wermut	Salbei, Fenchel
Zwiebel	Erbsen, Bohne

Absude, Extrakte, Abkochungen und Jauche – bewährte Vorsichtsmaßnahmen

Brennnesseljauche ist sogar bei Nichtgärtnern ziemlich bekannt. Gärtner unterscheiden zwischen Jauchen, die man auch als fermentierte Extrakte bezeichnet, Extrakten, Abkochungen und Absuden. Eine Jauche reift einige Wochen, bevor ihre Fermentation anfängt zu stinken.

EXTRAKTE wirken anregend auf die Pflanzen, können ihre Verteidigungsmechanismen aktivieren und das Wachstum beschleunigen. Manche wirken als Düngemittel, weil sie Stickstoff, Phosphor, Kalium und bestimmte Spurenelemente enthalten. Der starke Geruch bestimmter Abkochungen kann dabei helfen, etwaige Räuber zu vertreiben. Andere wieder helfen beim Kampf gegen Krankheiten wie Mehltau und Echten Mehltau.

Umsetzung

- **Jauche.** Für eine Jauche setzt man 1 kg klein gehackte Pflanzen auf 10 l Wasser in einem offenen Behälter an. Man rührt mindestens einmal täglich gut um. Nach gut zehn Tagen filtert man die Mischung durch und fischt die größeren Teile heraus. Die Jauche kann mehrere Wochen in fest verschlossenen Behältern gelagert werden.

- **Extrakt.** Dafür legt man die ganze Pflanze für einen Tag in kaltes Wasser.

- **Absud.** Um einen Absud zu gewinnen, legt man ebenfalls die ganze Pflanze 24 Stunden in kaltes Wasser, aber dann bringt man das Ganze 30 Minuten lang zum Kochen.

Den Boden bedecken, auch im Winter

Die Strohabdeckung gehört zu den grundlegenden Techniken beim biologischen Gärtnern. Sie ist so einfach wie erfolgreich: Man schützt den Boden, indem man ihn mit einer Lage trockenen, organischen Materials bedeckt – mit Stroh, Laub, Holzhackschnitzeln, Rindenmulch oder Holzspänen.

- **Abkochung.** Bestimmte Pflanzen muss man abkochen: Man legt sie in kaltes Wasser, das man zum Kochen bringt.

Extrakte, Sude und Abkochungen lassen sich, anders als Jauchen, nicht konservieren. Sie müssen schnell verbraucht werden, am selben Tag oder spätestens am Tag danach. Die Wirkung dieser Krankheiten vorbeugenden Flüssigkeiten hängt auch von einer sauberen Zubereitung ab, vom richtigen Moment der Gabe und von der genauen Beobachtung der Reaktion der behandelten Pflanzen..

Viele Insekten schlüpfen unter diese Abdeckung, vorausgesetzt, sie enthält nicht zu viel Säure. Ohrwurm und Goldlaufkäfer verkriechen sich tagsüber darin, um vor dem Sonnenlicht geschützt zu sein, Marienkäfer und andere Käferarten hingegen verbringen darunter die Nacht, suchen Zuflucht gegen Sommerhitze und überwintern darin.
Man deckt nicht nur die Gemüsebeete ab, sondern auch die Wurzeln frisch gepflanzter Sträucher, Hecken und Staudenbeete.
Die Abdeckung verringert die Verdunstung von Wasser, hält also den Boden feucht und bremst die Ausbreitung von Unkraut, allerdings muss der Boden vorher gejätet werden. Sie sorgt dafür, dass sich Kleinstlebewesen ansiedeln, verhindert das Auslaugen und eine Verdichtung des Bodens sowie die Verschlammung lehmiger Böden.
Viele Gärtner lassen ihren Gemüsegarten im Winter ruhen. Die Alternative? Gegen Ende des Sommers kann man Bodendecker und Gründünger ansäen, z. B. Senf, Büschelblume, Hafer …
Diese Pflanzen schießen noch vor den ersten Kälteeinbrüchen nach oben, schützen den Boden vor Auswaschung und verhindern, dass sich Unkräuter ansiedeln.

Kompost – eine Einladung an Wiederverwerter

Im Kompost findet eine natürliche Zersetzung organischer Abfälle statt – und zwar durch die Arbeit von Mikroorganismen wie Bakterien, Pilzen, Algen und Strahlenpilzen, das Wirken der Bodenlebewesen und Kleintiere. Neben den bereits erwähnten Insekten sind auch Regenwürmer, Asseln, Milben, Springschwänze, Fadenwürmer und Einzeller am Kompostierungswerk beteiligt.

Umsetzung

Damit ein Kompost arbeiten kann, muss man Grünzeug und trockenes Material in ihn schichten. Als Grünzeug eignen sich der Grasschnitt sowie Obst- und Gemüseabfälle aus der Küche. Letztere sind reich an Mineralsalzen und Stickstoff.

Trockenes Laub, Heu, Stroh, Geäst, Holzstückchen und Sägemehl sowie Rinde bilden gutes, zellulosereiches Trockenmaterial und reichern den Kompost dadurch mit Kohlenstoff an. Idealerweise bestückt man den Kompost Schicht für Schicht, Grünzeug im Wechsel mit Trockenmasse, gemäß der

Ernährungsweise seines Besitzers. Bei jeder neuen Einlage muss man die frischen Abfälle mit den vorherigen vermischen, indem man die Oberfläche des Komposts aufwirft: Das erleichtert den Mikroorganismen und Insekten die zersetzende Arbeit.

Ein Kompost im Gemüsegarten

Der Wurmkomposter

Wenn Kompost im Garten nicht erlaubt oder kein Platz dafür vorhanden ist, kann man seine organischen Abfälle auch in einem Wurmkomposter in der Wohnung verrotten lassen. Das Prinzip ist dasselbe, außer dass die Organismen, die die Zersetzungsarbeit leisten, künstlich hineingesetzt werden und nicht natürlich aus dem Boden aufsteigen. Diese Kompostwürmer ernähren sich von den im Haushalt anfallenden organischen Resten wie Schalen, faulenden Früchten ... Trockenes Material (in der Natur Laub, Holzspäne etc.) wie kleingerissene Pappe, zerschnittenes Papier (ohne giftige Druckfarbe) oder Zeitungsschnipsel wird in Schichten zwischen den Abfall gelegt. Äste oder Stroh sind im Wurmkomposter nicht angeraten, da sie zu fest sind und von den Destruenten nicht zerkleinert werden können. Die Flüssigkeit aus dem Wurmkomposter ist allerbester Pflanzendünger. Kinder macht der Wurmkomposter mit dem natürlichen Kreislauf bekannt.

Kompostwürmer (Eisenia foetida)

Bitte den Kompost nicht abdecken! Er braucht Luft und Sauerstoff genauso wie Regenwasser. Eine Zersetzung ohne Sauerstoff bedeutet Fermentation und das führt einerseits zu Gestank, andererseits zum Tod bestimmter Mikroorganismen.

Zuviel Grün kann auch zur Fermentation führen und den Kreislauf der Zersetzung stören. Deshalb ist es geraten, die feinen Grünabfälle mit grobem, trockenem Material zu vermischen: Das garantiert eine bessere Durchlüftung.

Feuchtigkeit erleichtert die Kompostierung und die Arbeit der Mikroorganismen, doch darf der Kompost nicht vor Wasser triefen. In Trockenperioden wiederum verlangsamt sich der Zersetzungsprozess.

Nach etwa zehn Monaten sind die Abfälle durchgearbeitet: Schwarze, krümelige Erde, etwa von der Konsistenz von Kaffeesatz hat sich gebildet. Die Erde ist reif, weil die organischen Abfälle nicht mehr erkennbar und kaum mehr Kompostwürmer (auch Mist- oder Stinkwürmer genannt) darin wuseln. Vermengt man diesen Wurmhumus mit Erde und verbringt ihn aufs Gemüsebeet, dann erfüllt er dort alle pflanzlichen Bedürfnisse, weil er hochkonzentrierte Nährstoffe enthält.

Für die Anlage eines Komposts kauft man einen Komposter oder baut ihn sich selbst aus gebrauchten Holzpaletten . Seinen Kompost errichtet man am besten im Schatten und an einer windstillen Ecke, damit er nicht austrocknet. Wenn der Untergrund es erlaubt, kann man ihn auch einfach als Haufen oder Schwaden im Gemüsegarten oder am Wiesenrand anlegen. In jedem Fall braucht der Kompost direkten Kontakt zum Boden, damit die dort lebenden Mikroorganismen ihren Weg in ihn hineinfinden.

Fruchtfolge

Unterschiedliche Nutzpflanzenarten über die Jahre im Wechsel anzubauen ist eine uralte landwirtschaftliche Technik, Dreifelderwirtschaft genannt. Sie ist unabdingbar, denn sie verhindert die Ausbreitung von Krankheiten und die Auslaugung des Bodens. Es ist folglich wenig sinnvoll, jedes Jahr dieselben Gemüse am selben Ort auszusäen. Auch ein Wechsel innerhalb derselben Art – Brokkoli statt Blumenkohl – reicht nicht aus, denn er kann Krankheiten oder Schädlingsbefall nicht unterbinden.

DEN GARTEN für den Fruchtwechsel vorbereiten heißt, ihn einfach in Parzellen gleicher Größe einzuteilen – so wie manche quadratisch angelegten Gemüsegärten . Dabei pflanzt man die Arten, die zueinander gehören und ähnlicher Nahrung bedürfen, zusammen: Blumenkohl mit Weißkohl, Brokkoli, Rotkohl, Rosenkohl, Grünkohl …

- **Blattgemüse** wie Salat und Sellerie haben normalerweise recht kurze Wachstumsphasen.

- **Kürbisgewächse** wie Zucchini, Riesenkürbis, Hokkaido- und Spaghetti-Kürbis brauchen viel Stickstoff.

- **Wurzelgemüse** wie Rote Beete, Fenchel und Karotten brauchen wenig Nährstoffe.

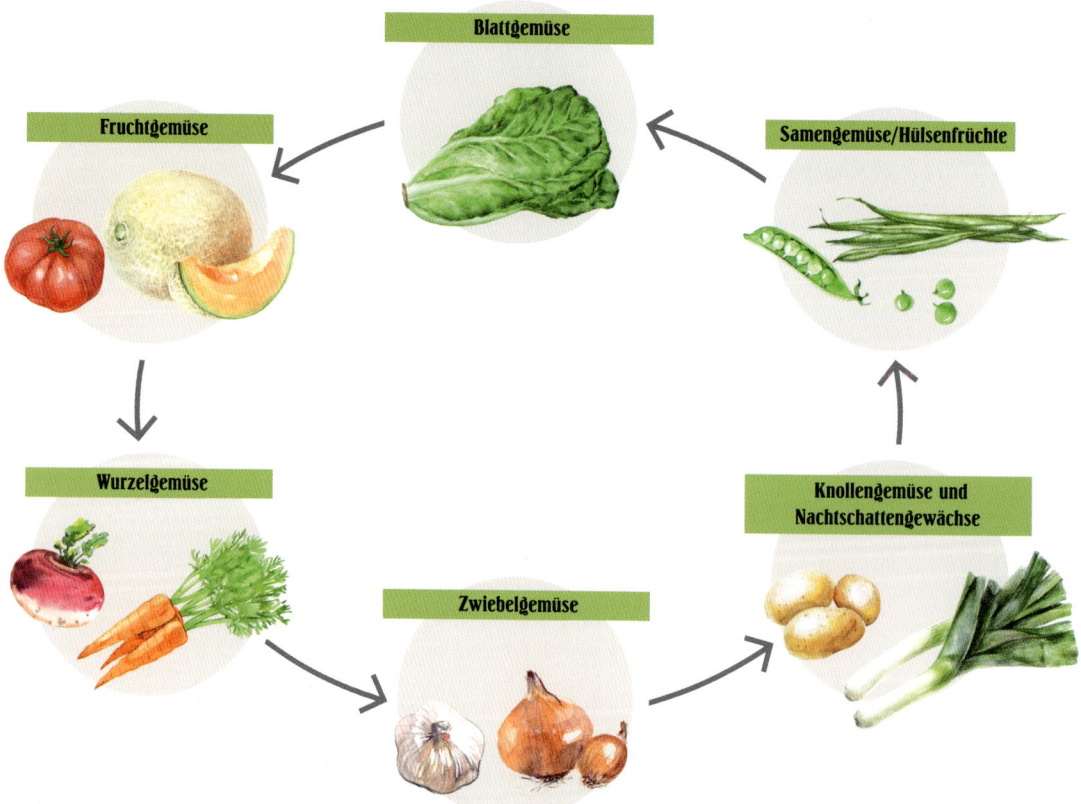

- **Hülsenfrüchte** wie Erbsen und Bohnen brauchen keine besondere Bodenverbesserung, denn sie ziehen sich den nötigen Stickstoff direkt aus der Luft.

- **Kartoffeln** bilden eine eigene Kategorie und brauchen besondere Zufuhr an Nährstoffen.

Das Prinzip des Fruchtwechsels besteht darin, bei jeder Saat oder Anpflanzung, jede Art von Gemüse an einen anderen Platz als im Vorjahr zu setzen. Die Kohlpflanzen setzt man also auf die Parzelle, wo vorher die Hülsenfrüchte standen, die Blattgemüse dorthin, wo vorher der Kohl wuchs … Außerdem lässt man mehrere Jahre vergehen, bis man erneut Salat auf das Beet mit den Blattgemüsen sät.

Diese Anbautechnik vermeidet, dass im Boden überwinternde Schädlinge oder Larven, die aus im Vorsommer abgelegten Eiern schlüpfen, z. B. der Kartoffelkäfer, erneut über das Beet herfallen: Ihre Nahrung ist verschwunden. Außerdem wird das Ausbringen des Komposts erleichtert, denn man kann ihn je nach Notwendigkeit der Pflanzen dosieren.

Hühner helfen

Hühner sind echte Verbündete im Garten, denn sie picken erstens die Überreste verfaulter Früchte und Gemüse auf und zweitens scharren sie im Boden nach Schnecken, Würmern, Larven und Gelegen. Damit tun sie dem Boden nur Gutes, denn sie wenden, durchpflügen und durchmischen seine Oberfläche. Drittens lieben sie Unkräuter wie die Sternmiere, auch Vogelmiere genannt. Man lässt die Hühner am besten erst nach der Ernte, gegen Ende des Herbstes, in den Garten, wo sie bis zum Frühling bleiben können. Ein versetzbares Gehege oder eine mobile Einzäunung sorgt dafür, dass sie die Pflanzen, die über Winter stehen bleiben sollen, in Ruhe lassen.

Um die Verrottung von Gartenabfällen, von Mäh- und Häckselgut zu beschleunigen, sollten die Hühner Zugang dazu haben. Es ist daher sinnvoll, den Kompost beim oder im Gehege der Hühner anzulegen. Wie alle Haustiere brauchen auch Hühner tägliche Betreuung. Aber der Nutzen lohnt den Aufwand.

Herzlich Willkommen!
Das Insektenhotel im Garten

Nischen für Insekten oder für Vögel, Schlupflöcher für Fledermäuse, Zufluchtsorte für Igel … Jedem Tierchen sein Pläsierchen! Man kann für viele eine artgerechte Unterkunft errichten, denn all diese Nützlinge suchen für einen bestimmten Lebensabschnitt entweder eine Kinderstube, einen Platz zum Überwintern oder ein Versteck. Wenn sie das in Ihrem Garten nicht finden, ziehen sie weiter!

Den fleischfressenden Insekten, die für ihre Nester Winkel und Spalten brauchen, fehlen mehr und mehr die Ritzen, um zu nisten. Daher sinkt ihre Population stetig. Zweifellos wären alte Bäume der beste Unterschlupf, denn sie bieten Habitate und Nahrung für eine ganze Reihe von Insekten.

Aber auch Reisigbündel, Holzscheite mit Bohrlöchern unterschiedlicher Größe, Tontöpfe – sind nützliche Einrichtungen für Ihre Helfer im Garten: Sie unterstützen die Insekten bei der Vermehrung und damit den Gärtner im immerwährenden Kampf gegen mögliche Räuber und Schädlinge.

Warum brauchen Insekten besonderen Schutzraum?

Es gibt jede Menge Modelle von Insektenhotels, von winzig bis enorm, nur für eine Art oder für viele. Viele Arten von Insekten suchen Plätze zum Überwintern – in Ästen und Zweigen, unter der Rinde oder in Höhlen von Bäumen, in dichtem Moos … Wenn sie solche Plätze nicht vorfinden, verschwinden die meisten mit den ersten Herbststürmen, dem ersten Kälteeinbruch, bei Frost und Schnee .

Ausgleich für den Mangel an natürlichen Verstecken

Je nach Art müssen Insekten in unterschiedlichen Stadien überwintern: Die einen als ausgewachsene, geschlechtsreife Tiere, andere – wie Marienkäfer und Florfliege – schränken ihren Energie- und Stoffwechsel massiv ein und fallen in eine Winterstarre. Wieder andere verpuppen sich in der Kälteperiode, wie fast alle Schmetterlingsarten. Raupen oder Larven, wie die des Rosenkäfers, vergraben sich. Andere überwintern in ihren Eiern an Pflanzenstängeln oder im Erdboden, wie die Blattläuse.

Um der Kälte zu entfliehen versuchen z. B. Marienkäfer oder Florfliegen angezogen von der Wärme ins Hausinnere zu gelangen. Daher findet man sie häufig in Fensterspalten. Doch dem häuslichen Klima, das zu warm und zu trocken ist, sind sie kaum gewachsen. Der Aufbau künstlicher Überwinterungsmöglichkeiten zielt also vor allem in der Stadt oder bei einem kleinen Garten darauf ab, fehlende natürliche Schutzräume zu ersetzen. Sie können einen großen Teil der für den Gärtner nützlichen Insekten retten und dadurch die Population sichtlich steigern, was im Frühjahr beim Kampf gegen Schädlinge spürbar wird. Die Zerstörung natürlicher Lebensräume zieht eine Verringerung von Unterschlupfen für Insekten nach sich. In einem Garten ohne Bäume mit rissiger Rinde, ohne vertrocknete Pflanzen mit hohlen Zweigen und Stängeln, ohne modrige Baumstümpfe etc. muss man diese Mängel durch die Schaffung anderer Nist- und Überwinterungsmöglichkeiten ausgleichen.

Sorge tragen, dass die Tiere im Garten bleiben

Insektenhotels sind in mehreren Fällen die richtige Lösung:

- Wenn der Garten nicht im Gleichgewicht ist und daher zwar viel Futter für Insekten, aber wenig Verstecke und Orte für ihren Nestbau hat. Meistens fehlt es daran bei Stadtgärten.

- Wenn man bestimmte Arten häufiger in seinen Beeten sehen und daher ihren Bestand erhöhen will. Das ist z. B. der Fall, wenn man in einem ökologisch betriebenen Garten besondere Jäger halten will, um die Schädlinge zu reduzieren.

- Wenn man das Leben von Insekten beobachten möchte. Dann sind Insektenhotels eine lehrreiche Sache, für Kinder wie für Erwachsene.

Wie schon gesagt: Um geflügelte Nützlinge in den Garten zu ziehen, muss man ihnen Räume zum Überleben schaffen. Damit geht einher, dass Marienkäfer, Florfliegen, Wildbienen, Schmetterlinge und Konsorten leicht an Nahrung kommen müssen. Ist die nicht vorhanden, werden sie den Garten verlassen, Insektenhotel hin, Insektenhotel her!

Bezogen auf Schädlinge bedeutet das auch, dass der Gärtner sie bis zu einer gewissen Schwelle tolerieren muss. Denn auch sie sind die Voraussetzung dafür, dass die Nützlinge sich niederlassen.

Insektenhotel – Gebrauchsanweisung

Man braucht weder irgendwelche besonders anziehenden Produkte noch Lockmittel wie Pheromone. Ein Insektenhotel funktioniert ganz ohne – in dem Moment, wo Insekten auf Wohnungssuche darin einziehen. Die ersten neugierigen Besucher werden vermutlich Wildbienen sein, die einen Platz zur Eiablage brauchen. Haben sie sich niedergelassen, ziehen sie andere Insekten nach.

JE MEHR VIELFALT ein Insektenhotel aufweist, desto anziehender und nützlicher wird es für die verschiedenen Insektenarten sein. Daher sind manche kleinen Modelle eine große Enttäuschung für den Gärtner. Wer sich für ein Gehäuse mit mehreren Kammern entscheidet, die mit unterschiedlichem Material gefüllt sind, fährt damit besser, denn in so ein Hotel können viele Arten einchecken und es wird rasch gut gebucht sein.

Wohin damit?

Ein sonniger Platz ist Voraussetzung für Nistkästen und Insektenhotels. Insekten brauchen vom Sonnenaufgang an Wärme, damit sie ausfliegen. Doch muss das Hotel nicht ständig in voller Sonne stehen. Am besten steht es im Süden, Südosten oder Osten und natürlich nicht im Schatten. Im Norden ist es zu kühl dafür und vom Westen her kommt meist das schlechte Wetter.

Auch zu windig sollte der Standort nicht sein, denn wenn winters neben den Minustemperaturen auch noch ein kalter Wind ins Hotel hineinfährt, tötet das die Gäste. Auch ein sehr feuchter Platz ist kein Baugrund für ein Insektenhotel, denn Feuchtigkeit lässt seine Holzkonstruktion aufquellen und es geht schnell kaputt. Also stehen Insektenhotels am besten an einer schützenden Mauer, vor einer Hecke, die den Wind abhält, am Gartenhäuschen und vor allen Dingen regen-, kälte- und windgeschützt.

Die Maße

Jeder Häuslebauer kann sich selbst sinnvolle Maße ausdenken, aber prinzipiell sollte die Rahmenstruktur wenigstens ½ m² groß sein, damit das Hotel genügend Suiten hat und für viele Insektenarten attraktiv wird . Es kann ein Hochhaus werden, sollte aber nicht höher als 2 m sein. Denn die Insekten, die oberhalb dieser Höhe unterwegs sind, werden sich kaum einnisten. Die Tiefe der einzelnen Fächer muss mindestens 15 cm betragen, damit das Füllmaterial – Bündel aus Halmen oder Holzscheite mit Bohrlöchern – ausreichend Halt darin findet. Da Insekten sich in der Natur nicht um Platz rangeln müssen, sollten sie sich auch im Insektenhotel nicht gegenseitig stören.

Die Appartements

Im »Erdgeschoss« sollten die Fächer mindestens 70 cm hoch liegen, keinesfalls niedriger. Denn kein Insekt zieht in Bodennähe, weil es dort feucht und kühl

sein kann, was die Entwicklung der Eier und Larven beeinträchtigt. Und schon gar nicht darf das Hotel direkt auf der Erde stehen. Keine Sorge, die Insekten finden trotzdem den Weg zur »Rezeption«. Eine Seite des Hotels muss abgeschlossen sein, damit es nicht durchzieht, und ein vorspringendes Dach muss die Konstruktion vor Regen, Feuchtigkeit, Wind und Schlechtwetter schützen. Ganz wichtig ist es, nebeneinander liegende Fächer mit unterschiedlichem Material zu füllen. Warum? Weil sich die Insekten einer Art sonst gegenseitig Konkurrenz machen.

Vorsichtsmaßnahmen und Unterhalt

Zimmerservice ist nicht vonnöten! Aber Füllmaterial, das verrottet, wie trockenes Laub und markige Stängel, sollte in regelmäßigen Abständen ausgetauscht werden. Achten Sie beim Austausch darauf, dass diese Fächer gerade unbewohnt sind: Die Stängel – z. B. von Holunder, Brombeere oder Schilf– sollten nicht verschlossen sein, dann befinden sich Larven darin.
Vorsicht vor dem Specht! Er ist der erste, der solche Nisthilfen plündert. Sie sind quasi ein Sonderangebot für seine lange Zunge! Falls Sie solch unerwünschten Besuch an Ihrem Hotel beobachten, sollten Sie ein engmaschiges Vogelschutznetz aus Metall vor der Insektenherberge anbringen, z. B. Kaninchendraht .

Dieses Gitter sollte nicht kunststoffüberzogen oder anderweitig behandelt sein, also lieber kein recyceltes Material dafür hernehmen. Es sollte etwas Abstand zu den Fächern haben, sonst kommt der Specht trotz des Gitters an seine Beute. Generell sollte das Hotel so viele unterschiedliche Gäste wie möglich anziehen. Das bedeutet, man braucht verschiedenes Füllmaterial. Es ist nicht ratsam, in ein Fach z. B. Ziegelbruch, Stängel und Stroh zu schichten. Sondern jedes Fach sollte seine eigene, spezielle Füllung haben, damit sich dort jeweils eine Art von Insekten niederlässt. Wenn das Hotel einmal steht, sollte es auch stehen bleiben. Auch wenn es manchmal leer aussieht, wird es das ganze Jahr über belegt sein, und die Insekten wollen nicht gestört werden. Beobachten Sie die Eingänge der einzelnen Fächer genauer und Sie werden feststellen, dass Löcher »zugemauert« sind (also sind Larven darin) und wer so alles kommt und geht (Wildbienen beispielsweise).

Eine Mauerbiene besucht den Ort ihrer künftigen Eiablage

Eine solche Herberge ist eine nachhaltige und dauerhafte Sache: Das Hotel wird mehrere Jahre stehen müssen, um seinen Zweck zu erfüllen, auch dann noch, wenn es anfängt zu verwittern und seine Füllung unansehnlicher wird. Unterhalt und Pflege besorgt die Natur selbst, es sei denn, die Stützen faulen oder das Dach wird undicht. Dann muss der Gärtner Hand anlegen. Und zuletzt: Keine Angst vor Stichen! Wildbienen stechen Menschen nur dann, wenn die sie angreifen. Wespen buchen kein Zimmer. Sie werden vom Holz angezogen: Das knabbern sie an, um es anderwärts als Grundstoff für ihre Nester zu verwenden.

Ein Insektenhotel Marke Eigenbau

Grundsätzliches zur Konstruktion

Im Handel findet man eine ganze Reihe an Insektenhotels in verschiedenen Größen und Formen, vom kleinen Türmchen für die Marienkäfer bis zum 5-Sterne-Hotel für alle Arten von Hautflüglern. Man kann sie sich sogar auf Maß herstellen lassen.

DOCH ACHTUNG BEIM KAUF: Häufig ist Nadelholz, also Weichholz in den Kästchen – es quillt auf, zieht Feuchtigkeit, die Brut darin vermodert. Kiefernzapfen und Holzwolle stopfen weitere Fächer, sie ziehen jedoch keinerlei Insekten an. Bohrungen sind oft ins Hirnholz gesetzt, quer zur Faser und dabei unsauber. Holzfasern, die in die

Bohrgänge ragen, reißen die feinen Flügel der Insekten ein. Das ist tödlich für die Gäste! Markstängel sind abgeraspelt anstatt glatt geschliffen – Verletzungsgefahr! Und ihre Durchmesser sind größer als 1 cm, also zu groß, um besiedelt zu werden. Deshalb sind auch die häufig zu findenden Gitter- oder Hohlziegel nur sinnvoll, wenn man ihre Löcher mit

Füllmaterial verkleinert. Daher ist es nachhaltiger, sein eigenes Hotel zu bauen – und zwar richtig.

Das Gestell sollte aus Holz sein, denn Holz isoliert und atmet. Für das Dach brauchen Sie ein wetterfestes Material wie Lärche, Douglasie oder Eiche. Sie können es auch mit Ziegeln oder Schieferplatten decken. Sowohl das Holz für das Gestell wie auch das Holz für die einzelnen Fächer muss unbehandelt sein und bleiben: Zwar machen Insektizide und Fungizide es haltbarer, töten möglicherweise aber die Bewohner. Jede chemische Behandlung der Bau- und Füllstoffe führt zum entgegengesetzten Ziel! Am besten für das Gestell eignet sich Holz von Bäumen aus Ihrer Region: Lärche, Fichte, Tanne. Und besser nicht streichen: Es sollte natürlich altern können, damit holzfressende Insekten es gefahrlos anknabbern können.

Umsetzung

Für das Gestell eignen sich 20 cm breite Latten, denn die einzelnen Kästchen müssen tief genug sein. Die Planken für die Seiten sollten 3 cm dick sein.

SIE BRAUCHEN

- 2 horizontale Bretter
- 2 senkrechte Stützen
- dünnere Bretter für die Wände und Böden der einzelnen »Zimmer«
- Brettchen zur vorderen Abdeckung einzelner Abteile
- 2 Platten aus sehr widerstandsfähigem Holz für das Dach
- dicke Dachlatten für die Rückseite
- 2 Füße oder Platten aus galvanisiertem Stahl für die Befestigung am Boden
- Holzschrauben für Gestell und Kästchen
- Rundkopfschrauben, Muttern und Unterlegscheiben für die Befestigung der Füße
- Füllmaterial: Ziegelbruch oder Hohlziegel, Hartholz wie Buche oder Apfelbaum, Markstängel von Schilf, Flieder, Beerensträuchern, Lehm ...

DIE MONTAGE

1 Bauen Sie den Rahmen, indem Sie Balken und Stützen oben und unten miteinander verschrauben.

2 Befestigen Sie die Bretter für die einzelnen Stockwerke und die Zwischenwände.

3 Schrauben Sie die Dachlatten auf der Rückseite fest. Achten Sie dabei darauf, dass kein Spalt offenbleibt.

4 Schrauben Sie die Füße an die beiden Stützen.

5 Verbinden Sie die beiden Dachplatten miteinander und mit den Stützen.

6 Füllen Sie die einzelnen Kammern.

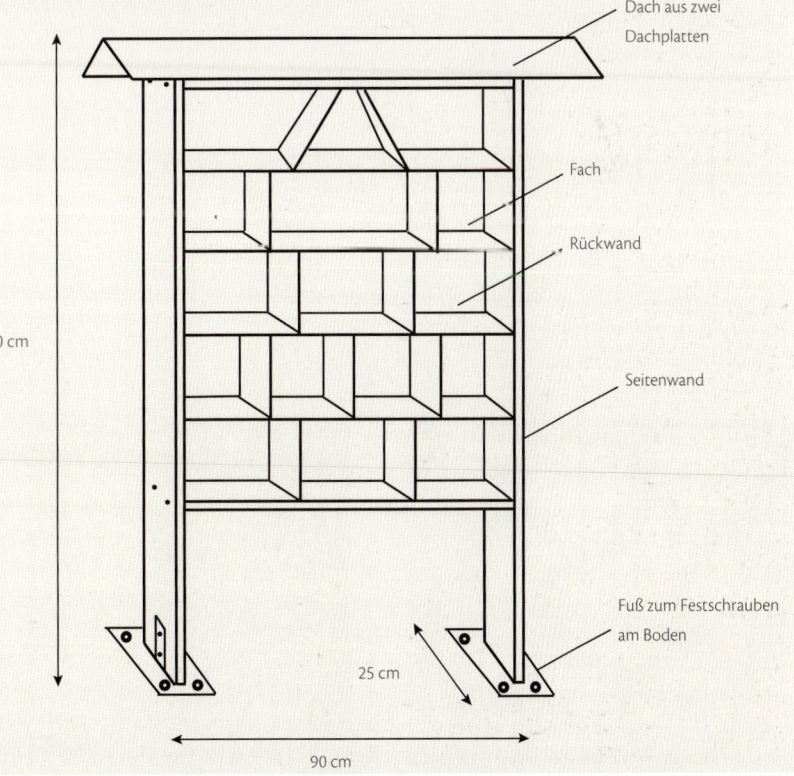

Dach aus zwei Dachplatten

Fach

Rückwand

Seitenwand

Fuß zum Festschrauben am Boden

160 cm

25 cm

90 cm

Das richtige Füllmaterial für die einzelnen Fächer

Holzklötze mit Bohrung (1)

Dafür tun es Rundhölzer oder einfach Holzscheite. Sie dürfen nicht vorbehandelt und sollten aus Hartholz (Eiche, Esche) sein. Schneiden Sie das Holz etwas weniger lang zu, als eine Kammer tief ist, damit es nicht feucht wird. Bohren Sie verschieden große Löcher hinein: 2–10 mm im Durchmesser und mindestens 6 cm tief. Dabei aber das Holz nicht durchstoßen und die Bohrungen mit Sandpapier oder Fräser sauber glätten, damit die Kundschaft sich nicht die Flügelchen zerreißt.

Mögliche Gäste: Wild lebende Hautflügler wie Solitär- oder Wildbienen. Zwerg- und Schlupfwespen nutzen die Löcher als Versteck oder zur Eiablage. Häufig findet man auch Mauerbienen in den größeren Löchern und Mörtel- oder Blattschneidebienen in den kleinen.

Halmbündel (2)

Bambus, Japanischer Staudenknöterich, Holunder, Schilfrohr … Sie funktionieren nach demselben Prinzip wie die Bohrlöcher im Holz. Die Gäste schlüpfen zum Schutz hinein oder legen ihre Eier dort ab. Beim Zuschnitt darauf achten, dass die Stängel hinten geschlossen sind: Entweder unterhalb eines Knotens sauber durchsägen oder den hinteren Teil mit Lehm verschließen. Scharfe Kanten abschleifen, damit die Tiere sich weder beim Hineinkrabbeln verletzen, noch beim Hinauskrabbeln oder beim Abstreifen des Pollens.

Mögliche Gäste: Wie bei den gebohrten Harthölzern sind es auch hier Wildbienen oder andere solitär lebende Hautflügler.

Bündel aus Markstängeln

Einige Pflanzen, z. B. Sonnenblumen, Spindelstrauch oder Pfaffenhütchen, Holunder und Himbeerstrauch haben mit Zellulose gefüllte Äste und Zweige. In dieses Mark bohren sich manche Insektenarten mit Vorliebe ihre Gänge. An deren Enden bauen sie Kammern für ihre Gelege.

Mögliche Gäste: Florfliege, kleine Hautflügler

Kabinett für Schwebfliegen (3)

Einige Abteile brauchen eine hölzerne Abdeckung, mit Löchern von 8–10 mm Durchmesser. Man füllt sie mit einer Mischung aus Stroh und gut getrocknetem Laub.

ACHTUNG: Feuchte Füllung bedeutet unerbetene und gefährliche Gäste wie

den Schimmelpilz. Je nach Klima verkriechen sich ab Mitte September bis zum Wintereinbruch Florfliegen darin.
Mögliche Gäste: Florfliege

Blumentopf mit Füllung (4)

Dieses Kästchen kann von Hummeln besiedelt werden. Nehmen Sie einen Tontopf mit einem Durchmesser von 15 cm und einem Wasserloch von 12 mm Durchmesser. Dieses Loch darf keine scharfen Kanten haben. Bohren Sie mit einem Steinbohrer ein Loch in den oberen Rand des Topfes, damit Sie ihn an einen Haken in der Rückwand des Kastens hängen können. Vorher füllen Sie ihn mit losem Waldboden vom Bau eines Nagetiers. Denn in der Natur nisten Hummeln gerne in den ehemaligen Gängen von Spitz- und Feldmäusen.
Mögliche Gäste: Wiesenhummeln

Hohlziegel (5)

Ziegel sind dann ein gutes Füllmaterial, wenn ihre Löcher klein sind, nämlich 3 bis 12 mm im Durchmesser. Größere Löcher stopft man mit weichem Lehm oder Tonerde aus. So können die Gäste sich ihre eigenen Gänge hineingraben.
Mögliche Gäste: Bestimmte Arten solitär lebender Wespen; Mauerbienen

Die Suite für den Ohrwurm (6)

Füllen Sie ein Fach mit Stroh und verschließen Sie es mit einem Gitter aus Holzstäben. Hier können sich die nachtaktiven Ohrwürmer oder Ohrkneifer tagsüber und im Winter verstecken.
Achtung: Diese Suite sollte weit entfernt von den Appartements für Bienen liegen, denn auf ihrer Suche nach eiweißhaltiger Nahrung fallen Ohrwürmer auch über die Brut in anderen Kammern her.
Mögliche Gäste: Ohrwurm, Florfliege

Zimmerchen für Marienkäfer (7)

Dieses Fach füllen Sie mit dünnen Brettchen, zwischen die Sie Abstandhalter aus Holz legen. Es dient Marienkäfern als Winterquartier, denn die Orte, wo Siebenpunkt und Kollegen in der Natur überwintern können, werden immer weniger. Die Käfer nehmen dieses Versteck mal mehr, mal weniger an. Probieren Sie es aus: Wenn Sie Glück haben, ziehen Gäste für die Winterstarre ein und Sie können im Frühjahr ihr Ausfliegen beobachten.
Mögliche Gäste: Marienkäfer, Ohrwurm

Maschendraht

Damit das Füllmaterial nicht aus den Kästen fällt und auch nicht herausgezogen werden kann und damit auch Vögel, insbesondere Spechte, die einzelnen Fächer nicht plündern, empfiehlt es sich, ein witterungsbeständiges Gitter mit Maschen von etwa 15 mm Breite vor das Hotel zu nageln.

Das Gästebuch der Hotelbewohner

Man kann eine Vielzahl unterschiedlicher Arten von nützlichen Insekten in einem Insektenhotel beobachten: Die einen – Wildbienen z. B. – nisten, die anderen verstecken sich tagsüber, die dritten überwintern darin.

Die Mauerbienen (1) sind kleine Solitär- oder Einsiedlerbienen mit rot bepelztem Hinterleib. Sie sind als Bestäuber sehr wichtig. Ihr Lieblingsaufenthalt, wo sie sich nach Frühlingsbeginn zur Eiablage niederlassen, sind hohle Stämme und Stängel sowie ausgehöhltes Hartholz, das vor Wind und Wetter gut geschützt ist (siehe S. 82).

Florfliegen ernähren sich von Blattläusen. Sie finden Zuflucht in den Fächern, die mit trockenem Stroh und dürrem Laub gefüllt und mit Holz verschlossen sind (siehe S. 28).

Marienkäfer, die Blattlausjäger par excellence, können sich in den Zwischenräumen von Holzrahmen oder Holzbrettchen verkriechen (siehe S. 24).

Gutmütige Einsiedler- oder Solitärwespen (2), wie die Lehmwespe, die Rosengallwespe und die Schmalbauchwespe ernähren ihre Larven mit Blattläusen. Sie nisten gerne in den markhaltigen

Stängeln von Holunder, Sommerflieder bzw. Buddleja, Brombeere und Rose (siehe S. 26).

Die Goldlaufkäfer gehören zur Familie der Käfer und werden oft mit den Mistkäfern oder Skarabäen verwechselt. Ihre Larven sind effektive Parasitenfresser. Daher findet man diese Käfer oft in altem Holz oder morschen Baumstümpfen (siehe S. 27).

Die Schwebfliegen sehen den Wespen sehr ähnlich, gehören aber zur Familie der Fliegen: Ihr ruckartiges Flugverhalten und ihr Stillstand über der Blüte kennzeichnen sie. Sie sind im Garten doppelt nützlich: Ihre Larven nähren sich von Blattläusen und als Erwachsene sind sie fleißige Bestäuber. Sie nisten gerne in markhaltigen Stängeln (siehe S. 22).

Die Ohrwürmer (3) sind wichtige Nützlinge. Sie ziehen gerne in Fächer mit Stroh, Heu oder Holzwolle (siehe S. 22).

Kleinere Herbergen für Insekten

Wenn der Garten klein ist und der Gärtner nicht genug Platz für ein großes Insektenhotel mit allen Schikanen findet, dann tun es auch kleine Herbergen, die nur für eine Art geeignet sind.

Für Wildbienen

Man schnürt hohle Stängel oder markhaltige Stängel zu Bündeln zusammen, bindet sie mit Draht oder Paketschnur in einer Konservendose fest und hängt sie kopfüber an einen Baum. Man kann auch Löcher unterschiedlicher Größe (2 bis 10 mm) und Tiefe in ein gut getrocknetes Hartholzscheit oder ein abgelagertes Stück Stamm bohren. Dabei das Holz nicht zur Gänze durchbohren.

Für Marienkäfer

Bohren Sie in zehn Holzbrettchen in der Größe 20 x 20 cm mittig ein Loch. Fädeln sie sie auf einen Metallstab mit Gewinde und drehen sie zwischen jedes Brettchen eine Mutter. Sind alle Bretter aufgereiht, betten Sie den Stab in einen Holz- oder Steinhaufen. Dabei drehen Sie die Herberge nach Süden, damit sie im Winter möglichst viel Sonne bekommt.

Für Ohrwürmer

Eine Herberge für Ohrkneifer ist schnell und einfach hergestellt. Füllen Sie Stroh in das Plastiknetz von den Kartoffeln oder Zwiebeln aus dem Supermarkt und binden Sie es mit einem Faden zusammen. Stecken Sie das Netz in einen Tontopf von zehn oder 15 cm Durchmesser, indem Sie den Faden durch das Wasserloch im Topf ziehen. Hängen Sie

Ein Holzscheit mit Bohrungen für Wildbienen

den Topf in einen Baum. Achten Sie darauf, dass er Kontakt zu einem Ast hat, sonst kommen die Krabbler nicht an ihr Quartier.

Für Hummeln

Sie brauchen einen Blumentopf mit wenigstens 15 cm Durchmesser und etwas Waldstreu oder Waldboden, der nach Wald- oder Feldmaus riecht. Dieser Geruch lockt die Hummelköniginnen an. Das Loch im Topfboden sollte mindestens 15 mm Durchmesser haben. Füllen Sie den Topf bis zur Hälfte mit der Waldstreu, eventuell vermischt mit Moos und toten Blättern. Suchen Sie dann einen sonnigen Winkel oder einen Erdhaufen und graben Sie den Topf mit dem Rand nach unten ein. Damit dabei der Zugang nicht verstopft wird, stecken Sie einen hohlen Stängel in das Ablaufloch, der über den Erdhaufen hinausragt. Sie können auch Steine rund um den Topf schichten und die Zwischenräume mit Moos oder Erde abdichten, aber auch hier muss der Zugang in den Topf möglich bleiben.

Blumentopf für Hummeln

Unterschlupf für weitere Gartenbewohner

Nistkasten für Vögel

EINE VIELZAHL VON VÖGELN, darunter auch die Meisen, bauen ihre Nester in Baumhöhlen. Aber diese Nistmöglichkeiten werden alarmierend schnell weniger, da immer mehr alte Bäume gefällt werden. Das bedeutet, dass die Vögel sich womöglich bestens mit Nahrung versorgen können, aber keinen Ort finden um zu brüten. Dieses Ungleichgewicht lässt sich mit Nistkästen für Höhlenbrüter leicht ausbalancieren.

Vögel sind überaus wertvoll für den Garten, denn sie halten ihn frei von Ungeziefer wie Schnecken und Raupen.

Vorsichtsmaßnahmen

Damit der Nistkasten auch angenommen wird, müssen folgende Bedingungen erfüllt sein:

- Er muss ausreichend groß sein.

- Er muss stabil und wasserdicht sein.

- Er muss feste Wände ohne Löcher und Spalten haben. Alle Holzteile müssen perfekt auf Stoß sitzen.

- Er muss die natürlichen Nistbedingungen optimal nachahmen. Also darf sein Inneres nicht zu glatt sein, damit die Vögel an den Unebenheiten des Holzes hinauf- und hinausklettern können.

- Das Holz darf nicht behandelt sein und soll Patina annehmen können.

- Es darf keine Lande- oder Sitzmöglichkeit am Einflugloch sein: Sie könnte Eichhörnchen oder anderen Nesträubern als Einstiegshilfe dienen.

- Sorgen Sie dafür, dass sich der Kasten ganz öffnen lässt, damit Sie ihn vor dem Winter reinigen können.

- Am besten hängen Sie den Nistkasten im Herbst oder zu Beginn des Winters auf. Die letzte Möglichkeit dafür ist Ende Januar. Viele Vögel suchen schon früh ihre Nistplätze fürs kommende Frühjahr. Diejenigen, die ihren Nistplatz

früh besetzen, haben weniger Probleme durch den Winter zu kommen.

- Hängen Sie den Nistplatz in etwa 2 bis 3 m Höhe auf – je nach Art der erwarteten Gäste. Er muss frei hängen, damit kein Räuber ihn erreichen kann.

- Das Einflugloch sollte entgegengesetzt zur Hauptwindrichtung hängen, weder in der prallen Sonne noch im Schatten. Am besten zeigt es Richtung Osten.

- Beschädigen Sie beim Aufhängen nicht den Baum: Schlagen Sie keinen Nagel in seine Rinde, sondern befestigen Sie den Nistkasten mit einer Drahtschlinge, die Sie um den Stamm legen.

Konkurrenz vermeiden

Die meisten Vögel verteidigen ihr Revier gegen Artgenossen. Wenn Sie zu viele Nistplätze eng nebeneinander aufhängen, ist der Effekt tödlich für die Vögel. Sie müssen also verschiedene Nistkästen anbringen: unterschiedliche Modelle, mit großen und kleinen Einfluglöchern. Beispielsweise müssen zwei gleiche Nistkästen für Blaumeisen mindestens zehn Meter auseinander hängen. Der heimische Sperling oder Spatz und der Star dagegen brüten in Kolonien. Ihre Nisthilfen kann man also eng nebeneinander platzieren.

WELCHE NISTHILFE IST WIE GROSS?

Jede Art hat ihre Eigenheiten beim Nestbau. Man muss sich folglich über das natürliche Habitat der Vögel informieren. Diese Tabelle zeigt die Maße, die ein Nistkasten theoretisch – je nach Art – haben muss. Achtung: In der Praxis halten sich die Vögel nicht unbedingt an solche Gegebenheiten.

ART	DURCHMESSER EINFLUGLOCH (MILLIMETER)	MASSE (MILLIMETER)	AUFHÄNGHÖHE (METER)
Kohlmeise	40	140 x 140 x 250	2 bis 4
Baumläufer	40	140 x 140 x 250	2
Bachstelze	150 x 70	140 x 140 x 200	2
Blaumeise	28	140 x 140 x 250	2 bis 4
Fliegenschnäpper	150 x 70	140 x 140 x 200	2
Rotkehlchen	150 x 70	140 x 140 x 200	1 bis 2
Hausrotschwanz	150 x 70	140 x 140 x 200	1 bis 4
Sperling	35	140 x 140 x 220	2 bis 4
Kleiber	40	140 x 140 x 250	3 bis 5

Ein Nistplatz für den Igel

Das nachtaktive Stacheltier ist des Gärtners bester Freund: Nacht für Nacht verschlingt er jede Menge Insekten, Regenwürmer, Gehäuse- und Nacktschnecken. Im Herbst, sobald die Temperaturen sinken, braucht er einen Platz zum Überwintern. Das Igelweibchen braucht außerdem im Sommer einen Platz, wo es seine Jungen werfen kann. Sprich: Ein Igelversteck ist von großem Nutzen und sorgt dafür, dass der Igel sich ganzjährig im Garten wohlfühlt.

EINE BLEIBE FÜR IGEL lässt sich einfach bauen. Man braucht eine geräumige Holzkiste mit einer 12 cm breiten Öffnung. Weil Feuchtigkeit Igeln schadet, muss die Kiste wasserdicht sein und darf nicht direkt auf der Erde liegen. Kurze Beine oder ein Sockel sind ein Muss. Das Holz für eine Kiste mit den Maßen 40 x 60 x 20 cm kann man aus alten, unbehandelten Paletten schneiden. Unter die Bodenplatte schraubt man vier Füße oder zwei Leisten, damit das Häuschen nicht direkt auf der Erde ruht. In die Seitenwände bohrt man einige Löcher, so dass Feuchtigkeit abziehen kann. Und für das Dach braucht es wasserfestes Holz, z. B. Akazie oder Lärche.

Eine 12 cm breite und hohe Öffnung ist groß genug, damit der Igel hindurchpasst. Sie sollte nicht mittig an der Stirnseite sitzen, sondern seitlich. Und 20 cm hinter diesem Eingang sollte eine Querwand mit 12 cm Öffnung stehen. Beide Maßnahmen dienen als Windschutz, denn hinter dieser Querwand wird die Igelin ihr Nest bauen. Das Igelhaus platzieren Sie unter einem Holzstapel, einer Hecke oder zwischen wuchernde, hohe, mehrjährige Pflanzen.

Vorsichtsmaßnahmen

ACHTUNG: Igelliebhaber verzichten auf Schneckenkorn und ähnliche chemische Hilfsmittel, denn der Igel frisst sie und stirbt elend daran. Auch dürfen Sie niemals Milch und Brot hinstellen, um ihn anzulocken, denn auch das ist für ihn tödlich. Ein Schälchen mit Trockenfutter für Katzen und eine Untertasse mit Wasser sind die richtigen Delikatessen, um ihn zu seiner neuen Bleibe zu locken.

Nisthilfe für Fledermäuse

In den Sommermonaten von Juni bis August suchen Kolonien von Fledermäusen warme, trockene und ruhige Plätze, wo sie ihre Jungen gebären und aufziehen können. Doch die natürlichen Quartiere dafür werden immer weniger. Um diesen Verlust auszugleichen, kann man den Fledermäusen Nistkästen anbieten.

DIE FLATTERTIERE sind fantastische Insektenfänger. Manche von ihnen sind winzig: Einer Zwergfledermaus genügt schon eine 7 mm lange und 2 cm breite Spalte, um auf einen Dachboden zu gelangen. Wer aber sein Dach komplett abdichtet, um eine Kolonie zu verscheuchen, der riskiert, dass die Tiere sich im Jahr darauf woanders am und im Haus niederlassen, gerne in den Kästen für die Rollläden … Denn sie sind sehr eigensinnig und standorttreu!

Was nicht heißt, dass sie Dauergäste sind: Fledermäuse wechseln ihren Wohnort im Jahresverlauf mehrmals. Für Gärtner, die sie stetig im Garten haben wollen, bedeutet das, dass sie mehrere Fledermauskästen aufhängen müssen.

Die einfachsten Kästen lassen sich für Zwergfledermäuse bauen: Sie sind 2 bis 4 cm tief und unten offen. Man braucht dicke, unbehandelte Bretter dafür, die vor allem innen sehr rau sein müssen, damit die Fledermäuse, die ja kopfunter hängen, sich festkrallen können.

Wählen sie ein Holz, das keine Feuchtigkeit aufsaugt, also Hartholz. Die Verbindungen zwischen den Holzplatten müssen abgedichtet werden, damit der Wind nicht hindurchpfeift: Die Jungen vertragen keinen Zug. Wenn Sie schon Fledermäuse im Garten haben, besorgen Sie sich ein paar Brocken Guano, organischen Dünger aus Seevogelkot. Den rühren Sie in Wasser ein und bestreichen mit der Brühe die Innenwände des Nistkastens. Das zieht die Flattertiere an.

Hängen Sie den Kasten mindestens 3 m über dem Boden auf. Seine Breitseite zeigt nach Süden oder Südosten. Ob der Kasten besiedelt ist, erkennen Sie an Spuren von Kot auf dem Boden unterhalb des Nistkastens oder daran, dass sich in der Dämmerung etwas am Ausgang bewegt .

Ein Bienenstock im Garten

Egal ob man einen großen Garten auf dem Land besitzt oder einen kleinen in der Stadt: Wer einen Bienenstock aufstellt, zeigt großartige Initiative. Denn er trägt so dazu bei, dass uns diese wertvolle Art erhalten bleibt. Und er erhält die Gelegenheit zu beobachten, was die Bienen in seinem Garten alles Gutes an Pflanzen, Gemüsen und Obstbäumen leisten. Denn diese profitieren umgehend von der Bestäubung durch die Arbeiterinnen. Nicht zuletzt können Sie als Eigner eines Bienenstocks Ihren eigenen Honig ernten!

Biotop Stadt

Je mehr Bienenstöcke man in städtischen Parks und Gärten aufgestellt hat, desto deutlicher wurde, dass die Bienenvölker in der Stadt gesünder waren als auf dem Land. Spezialisten vermuten mehrere Ursachen dafür.

PESTIZIDE, NEIN DANKE! Diverse umweltpolitische Entscheidungen und Maßnahmen haben dazu geführt, dass städtische Gärtner in vielen Fällen sich gegen den Einsatz von Insektenvernichtungsmitteln entschieden haben. Heute weiß man, dass die Sterblichkeitsrate von Bienen mit dem Spritzen giftiger Pflanzenschutzmittel in enger Verbindung steht: Es ist tödlich für sie und ungesund für uns. Besonders die Neonikotinoide, die auf Monokulturen ausgebracht werden, sind eine Gefahr.

Stadt oder Land?

Auch wenn man es nicht glaubt: Die Stadt ist ein artenreicherer Lebensraum als bisher angenommen. Denn in Parks und Gärten wachsen eine ganze Reihe von Pflanzen, die reichlich Nahrung bieten. In manchen Regionen blüht es fast ganzjährig. Das hat mit dem Temperaturunterschied zwischen Stadt und Land zu tun. Er kann bis zu 5° Celsius betragen und führt dazu, dass die Bienen in der Stadt viel länger Nektar und Pollen sammeln können als auf dem Land. Der Honig aus der Stadt hat schon einige Imker dazu gebracht, ihre Bienenstöcke vom platten Land auf ein Hochhaus umzuziehen: Die Honigernte ist phänomenal. Die absurd anmutenden Stöcke in Parks oder auf Dachterrassen haben also durchaus ihre Berechtigung!

Bienenfreund oder Büschelschön rund um einen Bienenstock

Ein Bienenstock fördert die Artenvielfalt

Wer eine Bienenbeute in seinem Garten aufstellt, der nimmt den Kampf gegen das Artensterben auf. Man braucht dafür keine Datsche auf dem Land, im Gegenteil. Die Bienen kommen mit dem städtischen Pflanzenangebot gut aus. Ebensowenig braucht man als Imker riesige Flächen. Ein Bienenstock reicht für den Anfang. Allerdings muss man schon etwas ökologisch denken, wenn man sich ein Bienenvolk anschafft.

DAS BEDEUTET:

- Man muss die Bienen respektieren und sie gut kennen, um zu begreifen, wie sie leben.
- Man muss sich ein Volk aus der Region heranziehen, weil deren Königin und Immen an das herrschende Klima gewöhnt sind und weil man so die regionalen Arten schützt und erhält.
- Man muss die Bedürfnisse der Bienen respektieren, also den größeren Teil ihrer Ernte im Stock lassen.
- Man schützt sie, indem man keine chemischen Produkte für ihre Pflege einsetzt.
- Man sorgt für einen natürlich wachsenden Garten und legt gezielt Flächen für nektarreiche Pflanzen an.

Die Geschichte der Bienen

Seit Millionen von Jahren bauen Bienenvölker in Europa ihre Waben in natürlichen Unterständen, meist in Baumhöhlen. Als der Mensch erkannte, was von diesen in Staaten organisierten Tieren zu holen war, begriff er auch, dass die Ausbeutung wild lebender Bienenvölker wenig aussichtsreich war. Daher erfand er den Bienenstock als Lebensraum für die Nektarsammlerinnen.

Die ersten Bienenbeuten waren, je nach Region, sehr unterschiedlich: Ausgehöhlte Baumstämme, Gefäße aus Ton, Holzkästen, aber auch Körbe aus Weidengeflecht oder mit Kuhfladen verputzte Strohkörbe wurden benutzt.

In Europa war der geflochtene Strohkorb in Glockenform lange in Gebrauch. Heute nutzt man ihn nur noch für pädagogische Zwecke. Denn er hat den Nachteil, dass er keine Rahmen für die Waben hat. Um den Honig ernten zu können, muss man also die von den Bienen gebauten Waben zerstören.

Erst zu Anfang des 19. Jahrhunderts erfand man Bienenstöcke mit herausnehmbaren Rähmchen. Waren diese Rahmen von den Bienen mit Waben überzogen, konnte man Rahmen in die Schleuder spannen und den Honig herausschleudern. Man musste die wächsernen Sechsecke nur entdeckeln, nicht zerstören.

Seit der Mensch ihnen künstliche Bauten, Beuten genannt, anbietet, müssen die Bienenköniginnen sich nicht mehr in Mauerlöchern, Schornsteinen, Fahrrädern und anderen ungewöhnlichen Orten niederlassen.

Wer wohnt im Bienenstock?

Es gibt neun verschiedene Arten von Honigbienen, acht davon leben in Asien. Die europäische Honigbiene, Apis mellifera, teilt sich in etwa 25 Unterarten. Egal welche Unterart, um einen Staat mit mehreren Zehntausend Bienen zu bilden, braucht es immer drei unterschiedliche Ausformungen der Biene: Königin, Arbeiterin, Drohne.

Die Arbeiterinnen

Sie sind in jedem Bienenvolk bei weitem in der Überzahl und sie werden ganz unterschiedlich alt, je nach Aktivität im Stock und je nach Saison. Im Sommer, wenn das Leben des Staates seinen Höhepunkt erreicht, wird eine Arbeiterin nur etwa sechs Wochen alt, im Winter fast sechs Monate. Während die Königin ausschließlich für die Eiablage zuständig ist, sind die Arbeiterinnen unfruchtbar. Je nach Alter bzw. nach Entwicklung ihrer Drüsen leisten sie unterschiedliche Aufgaben im Stock. Als erstes putzen sie die Zellen, aus denen Bienen geschlüpft sind. Dann versorgen sie die Larven – erst mit Pollen, dann mit Futtersaft. Sobald sie Wachs ausscheiden können, bauen sie Waben. Dann schieben sie am Eingang des Stocks Wache oder fächeln frische Luft hinein. Erst nach etwa 21 Tagen verlässt die Arbeiterin den Stock, um Nahrung zu suchen: Ihr Pelz, die Bürstchen an den Schenkeln sowie Saugrohr und Zunge sind jetzt bestens ausgebildet, um Nektar und Pollen zu sammeln.

Die Königin

Man nennt sie auch Weisel oder Stockmutter: Sie ist das einzige fruchtbare Weibchen der Bienenkolonie. Sie entsteht in einer senkrecht gebaute »Weiselzelle«. Das dort abgelegte befruchtete Ei ernähren die Arbeiterinnen das ganze Larvenstadium hindurch mit einem speziellen Futtersaft, dem Gelee Royale oder Weiselfuttersaft. Die Bienen, die zu Arbeiterinnen werden sollen, erhalten diesen Saft nur im ersten Entwicklungsstadium, danach bekommen sie Nektar und Pollen. Es ist die Ernährung der Larve, die das Ei zur Königin macht!

Im Alter von ein bis zwei Wochen fliegt die Königin zum »Hochzeitsflug« aus. Im Flug lässt sie sich von bis zu zehn verschiedenen Drohnen begatten. Dann sind ausreichend Samen in ihrer Samenblase: Die Königin kann bis zu ihrem Tod mit vier bis fünf Jahren Eier legen, täglich bis zu 2000 Stück! Sobald sie befruchtet in den Stock zurückkehrt, beginnt sie damit und verlässt den Stock nur, um ein neues Bienenvolk zu gründen. Wird die Königin alt und legt weniger oder nur noch unbefruchtete Eier, ersetzen die Arbeiterinnen sie durch eine neue Königin, damit das Bienenvolk nicht ausstirbt.

Die Drohnen

Die Drohnen sind männliche Bienen. Pro Stock entwickeln sich mehrere hundert stachellose Drohnen aus den unbefruchteten Eiern der Arbeiterinnen. Ihre Aufgabe ist es, die Königinnen zu befruchten. Das Los dieser Männchen ist nicht beneidenswert: Nur wenigen gelingt es tatsächlich, eine Königin zu begatten. Sie sterben bei diesem Hochzeitsflug, da ihr Geschlechtsteil im Hinterleib der Königin stecken bleibt. Sobald der Herbst anbricht, werden die übrigen Drohnen von den Arbeiterinnen als unnütze Fresser aus dem Stock geworfen: Sie erfrieren.

Bienen sind nicht gleich Bienen

In Europa gibt es eine Reihe verschiedener Unterarten der westlichen Honigbiene: Die dunkle, die italienische, die kaukasische Rasse, die Kärntner Biene … Jede hat ihre Eigenheiten und einen besonderen Charakter.

DIE VERSCHIEDENEN VARIANTEN findet man selten in Reinform vor. Die Ursache dafür? Sobald man eine neue Unterart in einen Stock einführt, vermischen sich die Völker automatisch, denn genetische Vielfalt ist ein Trumpf bei der Arterhaltung. Will man ein Volk reinrassig halten, dürfen im Umkreis von mehreren Kilometern weder weitere Bienenbeuten stehen noch Wildbienen unterwegs sein – was quasi unmöglich ist.

Dunkle Europäische Biene (Apis mellifera mellifera)

Sie ist die Unterart der Westlichen Honigbiene, die der Wildbiene am nächsten kommt und der Urtyp aller Honigbienen. Ihre gute Anpassung an das Klima nördlich der Alpen, macht sie sehr widerstandsfähig. Sie ist überaus aktiv und wird oft als nervös oder aggressiv eingestuft. Dabei tut sie nichts anderes, als ihren Stock gegen Plünderer zu verteidigen. Ihre Ernteleistung ist gut, jedoch an die Saison angepasst: Gering im Frühjahr, wenn noch wenig blüht. Da andere Völker sich schon im Februar und viel schneller vermehren, wird diese Biene mit dem breiten, stumpfen, schwarzen Hinterleib von manchem Profi-Imker nicht gerne gesehen.

Italienische Biene (Apis mellifera ligustica)

Die schlanke Italienerbiene oder Ligustica schimmert in leuchtenden Gelbtönen: Sie hat mindestens zwei gelbe bis orangefarbene Hinterleibsringe. Sie gilt als sehr sanftmütige, eifrige Sammlerin und zeigt wenig Schwarmneigung. Unglücklicherweise akklimatisiert sie sich in kalten, regnerischen Zonen einfach nicht.

Kärntner Biene (Apis mellifera carnica)

Diese Biene stammt ursprünglich vom Balkan. Sie ähnelt der Dunklen Biene, doch sind ihre drei Ringe am sandgrauen Hinterleib weiß, oft mit lederbraunen Ecken und sie ist etwas größer. Sie ist sanftmütig, schnell und beginnt früh im Jahr viel Honig zu sammeln, wenn sie genug Nahrung findet.

Kaukasische Biene (Apis mellifera caucasica)

Aus Russland, bzw. aus den Tieflagen des Kaukasus stammt diese sanftmütige, sammelfreudige, schlanke Biene mit den bleigrauen Farbtönen und einem überlangen Rüssel. Einzelne Völker haben gelbe Ringe und Ecken auf dem Hinterleib. Kalte Winter sind nichts für sie!

Buckfastbiene

Im englischen Kloster Buckfast Abbey in Devon züchtete der aus Mittelbiberach stammende Mönch Bruder Adam (1898–1996) ab 1916 durch systematische Kreuzungen mit der Italienerbiene diese sehr friedliche, sammelfreudige, schwarmträge Bienenrasse, denn die Dunkle Europäische Biene war durch eine Milbe in England beinahe ausgerottet.

Was die Bienen hervorbringen

Nektar

Der Nektar, den die Bienen aus den Blüten in ihren Honigmagen saugen und zum Stock bringen, ist die Grundlage für die Honigproduktion: Die Arbeiterinnen geben den Nektar von Rüssel zu Rüssel weiter und jede Biene setzt ihm Drüsensekrete zu. Fächelnde Bienen beschleunigen die Verdunstung des flüssigen Nektars zu Honig.

Honigtau

Klingt schön, ist aber nichts anderes, als ein zuckerhaltiger Kot von Blattflöhen, Blatt- und Schildläusen. Diese pflanzensaugenden Insekten lassen sich mit dem Saft aus den feinen Röhren von Tannen und Fichten volllaufen, scheiden den Zucker aber wieder aus. Bienen und Hummeln sammeln diese Ausscheidungen und lagern sie im Bienenstock ein. Der dunkle Wald- oder Tannenhonig ist also nichts anderes als von Bienen gesammelter Honigtau von auf Nadelwald spezialisierten Blattlausarten.

Pollen

Pollen ist der stark eiweißreiche, bunte Blütenstaub von Samenpflanzen. Ein Pollenkorn ist die männliche Keimzelle der Blütenpflanze. Bienen sammeln die Pollenkörner und transportieren sie in »Pollenhöschen« an ihren Hinterbeinen zum Stock.

Wasser

Im Bienenstock gibt es kein Wasser. Die Arbeiterinnen sammeln es reichlich, denn die Larven brauchen es zum Überleben: Mit Wasser werden Pollen und Honig verdünnt, damit die jungen Arbeiterinnen-Larven sich ernähren können.

Honig

Kehrt eine Sammlerin zum Stock zurück, gibt sie den Inhalt ihrer Honigblase an die Stockbienen ab. Die saugen den zuckerhaltigen Saft auf und geben ihn, angereichert mit Enzymen, Eiweißen und Säuren an die nächste Stockbiene weiter. Die saugt ihn wieder auf, verdickt ihn dadurch und gibt ihn wieder weiter … Der unreife Honig wird in offenen Zellen eingelagert und trocken gefächelt, bis sein Wassergehalt unter 20 % liegt. Dann erst ist er fertig und haltbar.

Propolis

Man nennt ihn auch » Bienenleim« oder »Bienenkitt«. Propolis ist eine harzartige Masse, die die Bienen von den Knospen von Pappeln, Erlen, Birken und anderen Laubbäumen sammeln. Sie vermischen dieses keimfreie Harz mit Nektar und Pollen und verkleben damit Ritzen im Stock. Sie überziehen auch Bakterien und Pilze mit einem Film aus Propolis und töten sie durch dieses natürliche Antiseptikum ab.

Wachs

Nach ihrem zwölften Lebenstag werden einige Bienen im Stock zu Baubienen. An der Unterseite des Hinterleibs besitzen sie Wachsdrüsen, aus denen sie eine Flüssigkeit ausschwitzen, die bei Kontakt mit Sauerstoff zu fast farblosem Wachs erstarrt. Mit ihren Mundwerkzeugen knetet die Biene das Wachs durch und formt es zu den bekannten sechseckigen Waben, in welchen die Arbeitsbienen Honig und Pollen aufbewahren und die Königin ihre Eier ablegt.

Gelee Royale

Dieses königliche Futter sondern Drüsen aus dem Kopf der Arbeiterbienen ab. Sie ernähren damit die jungen Larven und die späteren Königinnen. Wenn das Ei sich zur Larve wandelt, unterscheidet sich die spätere Arbeiterbiene in nichts von der späteren Königin. Die ersten drei Tage ernähren sich alle Larven von Gelee Royale. Danach wird die Diät umgestellt: Nur die künftige Königin bekommt dann noch Gelee.

Gift

Natürlich ist es unangenehm, wenn man damit in Berührung kommt. Doch das Gift ist die wirksame Waffe der Bienen gegen Eindringlinge und Plünderer des Stocks. Wer imkern will, sollte sich vorbeugend von einem Facharzt auf Überempfindlichkeit/Allergie gegen Bienengift testen lassen.

Erste Schritte zum Imkern

Es gibt viele gute Gründe, Bienen zu züchten. Die meisten Imker tun es aus Liebe zu diesen Nektar saugenden, staatenbildenden Hautflüglern. Deren Lebensweise ist dermaßen komplex, dass ein Leben nicht ausreicht, ihre Welt auch nur annähernd zu durchschauen. Zu dieser Faszination kommt das Vergnügen beim Kontakt mit diesen Insekten. Und natürlich verändert die Imkerei unseren Blick auf unsere Umgebung, unseren Garten: Wer sich einen Bienenkorb zulegt, wird die besondere Alchemie zwischen Bienen und Gartenpflanzen verstehen lernen.

Bienenstock: Gebrauchsanweisung

Wohin mit dem Bienenhaus?

Vorausschauende Planung ist das A und O für den werdenden Imker. Egal welchen Bienenstock er kauft, er sollte ihn an einem trockenen Ort vor Kälte und Wind geschützt aufstellen, mit dem Flugloch nach Osten oder Südosten. So profitieren die Bienen von den ersten Strahlen der Frühlingssonne und der letzten Wärme im Herbst. Das Bienenhaus darf nicht auf einem Weg stehen, denn wer in der Einflugschneise der Bienen herumspaziert, riskiert Stiche. Am besten steht der Bienenkorb an einem stillen, ruhigen Platz ohne Lärm und Störungen. Damit er gerade steht, muss man den Boden eventuell nivellieren und damit die Kälte nicht von unten in den Stock greift, braucht er Beine oder einen Unterbau: Er sollte 30 bis 40 cm erhöht stehen.

Gesetzliche Vorgaben und Nachbarn

Die Nachbarn sollten wissen, dass die Biene kein per se aggressives Wesen besitzt. Oft verwechseln Menschen, die gestochen wurden, sie mit der wesentlich kampflustigeren Wespe. Bienenstichen liegt meist eine Verkettung unglücklicher Umstände zugrunde. Natürlich ist es nicht sinnvoll, sich einem Stock ohne Schutzkleidung zu nähern, besonders

seinem Flugloch. Die Biene hat viele natürliche Feinde und verteidigt instinktiv ihr Volk und dessen Nahrungsvorräte. Gemeinden und Landratsämter sind verantwortlich, wenn es um Recht und Ordnung geht: Das Landratsamt ist Ihr Ansprechpartner, sobald es konkret werden soll.

Hier die wichtigsten Faustregeln, die Sie beherzigen müssen: Die Grundstücksfläche muss ausreichen, denn Ihre Bienenhaltung darf für die Nachbarn keine Einschränkung bedeuten. Der Stock muss in größtmöglicher Entfernung zum Nachbargrundstück stehen und darf in

der Stadt ein oder zwei Völker umfassen, auf dem Land so viele, wie es in der Gemeinde Usus ist. Die Bienenhaltung und der Umgang mit den Völkern muss fachgerecht sein. Gegebenenfalls muss man Sträucher als Hindernisse zu den Nachbargrundstücken pflanzen. So kann man den An- und Abflug der Bienen steuern, denn Hindernisse veranlassen die Tiere in die Höhe zu fliegen, also über die Köpfe der Nachbarn hinweg. Eine Wasserquelle als Bienentränke muss auf dem Grundstück vorhanden sein, weil die Bienen viel Wasser brauchen und es sich sonst vom Teich des Nachbarn holen.

SCHWARMRECHT UND HONIGVERORDNUNG

Das Bienenrecht ist im Bürgerlichen Gesetzbuch und anderen Verordnungen geregelt. Folgende Paragraphen sind – ohne Anspruch auf Vollständigkeit – für einen Imker von Belang:

- Der Nachbar hat Einwirkungen auf sein Grundstück, die vom Bienenflug ausgehen, immer zu dulden, wenn sie nur zu unwesentlichen Beeinträchtigungen führen (§ 906 Abs. 1 BGB).

- Das Schwarmrecht (§§ 961–964 BGB) befasst sich mit dem Schwarm-Verfolgungsrecht des Imkers sowie mit dem Aneignungsrecht hinsichtlich Bienenstöcken und Bienenschwärmen.

- Das Haftungsrecht verpflichtet einen Imker zum Schadensersatz, wenn durch seine Bienen ein Mensch verletzt wird (§ 833 Satz 1 BGB).

- Die Bienenseuchen-Verordnung verpflichtet den Imker, seine Bienenhaltung am Veterinäramt zu registrieren, unter Angabe vom Standort und der Anzahl der Völker (§ 1a BienSeuchV). Ein Amtstierarzt muss eine Gesundheitsbescheinigung ausstellen, wenn die Bienen in eine andere Gemeinde umziehen sollen (§ 5 Abs. 1 BienSeuchV).

- Das Lebensmittelrecht regelt in seiner »Honigverordnung«, wie der Imker mit dem gewonnenen Honig sachgemäß umzugehen hat.

Der Bienenstock im Jahreskreis

Überwinterung

Ab Mitte September geht im Bienenstock der Sommer zu Ende: Die Königin fährt jetzt die Eiablage langsam zurück. Ab Oktober bilden die Bienen im Stock eine »Wintertraube« mit der Königin in der Mitte: Sie sitzen alle übereinander und schützen sich so gegenseitig vor Kälte. Diese Traube darf nicht gestört werden, denn die Bienen haben ihren Stoffwechsel heruntergefahren und brauchen die Winterruhe.

Frühling

Sobald die Temperaturen an den ersten warmen Tagen auf über 12° Celsius steigen, löst sich die Wintertraube auf, die Arbeiterinnen fliegen wieder aus. Der erste Flug ist ein sogenannter »Reinigungsflug«, bei dem die Bienen ihre Kotblase leeren: Darin sind die Exkremente der ganzen Winterruhe gesammelt, denn die Bienen koten nicht in den Stock. Danach beginnen die Sammlerinnen sofort mit Erkundungsflügen – sie suchen nach Wasser und Nahrung für die Larven. Die Königin startet die Eiablage für die nächste Generation. Wenn die Temperaturen über 15° Celsius steigen, macht der Imker seinen ersten Besuch, vorausgesetzt

rund um den Stock herrscht bereits hohe Aktivität. Dabei kontrolliert er, ob die Königin überlebt hat und Eier legt, und wie viel Vorräte die Bienen noch haben. Er sieht auch, ob die Arbeiterinnen schon Drohnen für den Hochzeitsflug künftiger Königinnen heranziehen. Er kann auch eine weitere Etage mit leeren Rahmen über den Stock legen, wenn es genügend Bienen gibt, die dort einziehen. Unter den Imkern herrschen widerstreitende Meinungen darüber, wann der richtige Moment ist, den Stock so zu erweitern. Besser zu früh als zu spät lautet eine Regel und natürlich muss die Tracht, also das Angebot an Nektar und Pollen für den Ausbau ausreichen.

Schwarmzeit

In der Schwarmzeit nutzen die Honigbienen das jetzt vorhandene große Nahrungsangebot, um ihren Staat durch Teilung zu vermehren. Von Mai bis Juni verlässt etwa die Hälfte der Bienen mit der alten Königin den Stock, um eine neue Kolonie zu gründen: Man sieht sie als »Schwarmtraube« dann in einem Baum oder an einem Dachvorsprung hängen. Die im Stock verbliebene Hälfte des Volkes zieht sich eine neue Königin heran.

RATSCHLÄGE

Bienen sind von Ende Februar bis Oktober aktiv. Während dieser Monate kann man sie so beeinflussen, dass sie einen neuen Schwarm bilden, mit dem man dann mit dem Imkern beginnen kann. Dennoch ist es zu Anfang der Saison schwer, sich einen Ableger zu beschaffen. Kein professioneller Imker bietet vor Mai Völker an. Auch wenn man erst später mit der Imkerei beginnen will ist es ratsam, seinen Stock bereits vor dem Herbst zu bestücken.

Der ideale Zeitraum, mit dem Imkern zu beginnen, ist Mai bis Ende Juli.

Honigernte

Wenn die Bedingungen es erlauben und die Bienen reichlich Nahrungsvorräte angelegt haben, kann man den Honig aus dem Stock holen. Erstmals ernten kann man im Mai, Juni, vorausgesetzt, aus dem ehemaligen Ableger ist ein starkes Wirtschaftsvolk geworden, wozu die Bienen in der Regel ein Jahr brauchen. Nach der »Frühtracht« gibt man den Bienen einen leeren Honigraum und sie befüllen ihn mit der »Sommertracht«. Ende Juli, August kann man dann eine zweite Ernte einfahren. Den Honig, den die Bienen danach produzieren, brauchen sie als Wintervorrat für sich selbst.

Winterfutter

Wenn der Imker zu viel Honig geerntet hat, muss er das Bienenvolk künstlich ernähren: mit Zuckerwasser, Honig, Sirup oder »Futterteig« – einer Mischung aus Honig, Puderzucker und Wasser. Prinzipiell sollte die Königin so spät wie möglich mit der Eiablage beginnen, denn Brüten kostet viel Energie und damit auch Futter.

Ein Bienenvolk an seiner Wabe

Welche Beute ist die richtige?

Es gibt eine Menge an Behältnissen für Bienenvölker. Man nennt sie »Beute«. Im Grunde funktionieren sie aber alle nach demselben Prinzip und vereinfachen das Imkern enorm. Am besten bekannt sind Magazinbeuten aus Holz: Für sie stapelt man einzelne Zargen übereinander. In diese Zargen werden Rahmen für die Waben eingehängt.

Boden

Der Boden ist meist aus Holz und herausziehbar, damit er im Frühling gereinigt werden kann. Er hat ein Flugloch sowie ein Drahtgewebe zur Belüftung. Das Gitter verhindert auch, dass Bienen diese Schublade säubern: So sieht der Imker an dem »Gemüll«, ob sein Volk von Milben oder anderen Schädlingen befallen ist.

Brutraum

In der Brutraumzarge hängen dicht nebeneinander die Rahmen für die Waben, in denen Eier und Larven groß werden. Über der Brutraumzarge liegt ein Absperrgitter. Man kann einen oder mehrere Braträume übereinander stapeln. Der Honig, der in den Braträumen eingelagert wird, sollte darin bleiben: Es ist der Notvorrat der Bienen, der das Überleben des Volkes im Winter garantiert.

Rahmen / Rähmchen

Die Rähmchen aus Holz versieht der Imker mit einer wächsernen Mittelwand und hängt sie in die Zargen ein. Die Bienen bauen den Rahmen mit Wachs zu einer Bienenwabe aus. Innerhalb der Bienenbeute können die Rahmen beliebig umgehängt werden. Die Mittelwände sind Platten aus Bienenwachs, in das bereits die für die Arbeiterinnen typischen Sechsecke geprägt sind. Diese Mittelwände helfen den Bienen beim Wabenbau und ordnen ihn.

Honigraum

Die obere Zarge ist der Honigraum. Dort legen die Arbeiterinnen ihre Honigvorräte an. Das Gitter zwischen Honigraum und Brutzarge ist gerade so groß, dass Arbeiterinnen in den Honigraum schlüpfen können, nicht jedoch die Königin. So wird verhindert, dass sie ihre Eier in die Honigwaben legt und Eier oder Larven in den Honig gelangen, wenn die Rähmchen geschleudert werden. Den Honigraum setzt man nur auf, wenn der Brutraum gut gefüllt ist und ausreichend Pflanzen blühen.

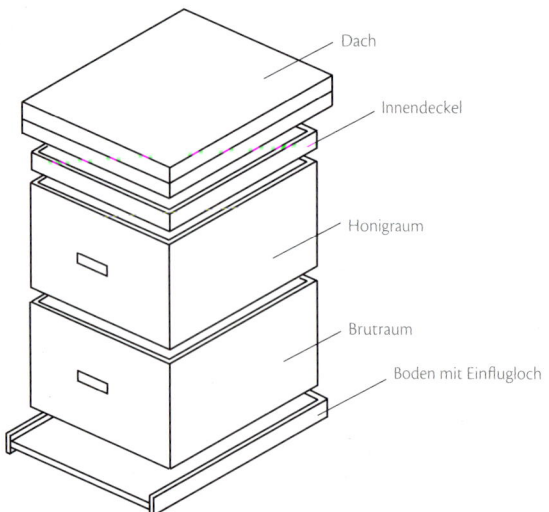

Dach

Innendeckel

Honigraum

Brutraum

Boden mit Einflugloch

Innendeckel

Er besteht aus Holz und schließt eine Zarge nach oben ab. Im Winter liegt er direkt auf dem Brutraum, im Sommer auf dem Honigraum. Die Arbeiterinnen verschließen den Spalt zwischen Deckel und Zarge mit Propolis, um jeglichen Luftzug zu vermeiden und die Temperatur in der Beute konstant zu halten, besonders im Winter.

Dach

Das Dach der Beute ist aus Holz. Eine eingelegte Filzmatte isoliert es nach unten. Oben ist es meistens mit verzinktem Stahlblech bezogen. Es kann flach sein oder zwei Schrägen haben.
Viele Imker haben ihre eigenen Bienenhäuser entwickelt, so Charles Dadant (1817–1902), Lorenzo Lorraine Langstroth (1810–1895), die Priester Jean-Baptiste Voirnot (1844–1900) und Émile Warré (1867–1951). Manche dieser Modelle werden noch heute nachgebaut. Es gibt dabei nicht die »beste« Bienenbeute, sondern nur die, die den Bedürfnissen der Bienen und des Imkers am besten entspricht. Wer sich einmal entschieden hat, sollte bei seinem Modell bleiben, denn so ist garantiert, dass die Bestandteile einzelner Beuten zueinander passen.

Langstroth-Beute

Sie ist die Urmutter aller modernen Beuten und wird weltweit am häufigsten verwendet. Sowohl Brutraum als auch Honigraum sind gleich groß und enthalten dieselbe Menge an Rahmen, nämlich zehn. Langstroth entdeckte, dass der ideale Abstand zwischen Waben und Beutenwand 8 bis 10 mm beträgt, weil die Bienen ihn nicht mehr mit Wachs überbauen und so die Entnahme der Waben erleichtert ist.

Dadant-Beute

In die Dadant-Magazin-Beute lassen sich zehn Rähmchen einhängen. Sie wird von den Erwerbsimkern in Europa am häufigsten verwendet. Im Frühling stellt man auf den großen, ungeteilten Brutraum mehrere Flachzargen als Honigräume.

Voirnot-Beute

Dieses Bienenhaus spiegelt die Traubenform, welche die Bienen in der Winterstarre annehmen. Auch diese Beute kann man auseinandernehmen. Der Honigraum über dem Brutraum schützt das Volk im Winter, denn er wirkt isolierend. Diese Beute, die Abbé Voirnot in den 1870er-Jahren in Nordfrankreich entwickelt hat, eignet sich gut für die Imkerei in kälteren Gegenden.

Klotzbeute oder Klotzstülper

Diese Bienenbehausung gehört zu den einfachsten und ältesten künstlich hergestellten Bienenbehausungen. Der Klotzstülper besteht aus einen ausgehöhlten Baumstamm, in den Fluglöcher gebohrt und Zweige als Querstreben eingespannt sind. An sie bauen die Bienen ihre ganz unregelmäßigen Waben. Ein Deckel verschließt die Klotzbeute oben.

Die Warré-Beute

Diese Bienenbehausung hat keinen Honigraum. Ist eine Zarge mit Waben vollgebaut, stellt man einfach eine weitere Zarge oben drauf. Die Bienen bauen ihre Waben nach Lust und Laune direkt an hölzerne Querbalken. Ist die Zarge voll, verfallen sie in den für sie normalen Schwarmtrieb. Der Imker schlägt einen Schwarm direkt in eine frische Beute ein und der Zyklus beginnt von neuem. Für Gärten eignet sich diese »Volksbeute« gut.

Die Kenia-Beute

Diese liegende Beute wird immer beliebter, weil sie einfach zu handhaben ist. Sie hat einen rechteckigen Grundriss, die Längsseitenwände sind schrägge-stellt, sodass das Flachdach eine größere Fläche hat als der Boden. In diesem Bienenkasten bauen die Bienen Naturwaben an lose aufgelegte Trägerleisten, die man einzeln heraus-hebt. So bleiben die Waben beweglich und wer die Grundlagen der Imkerei beherzigt, kommt mit der Kenia-Beute gut zurecht.

Der Schwarm

Welche Bienen eignen sich für den Imkerneuling? Prinzipiell kann er jede Biene züchten, doch erfahrungsgemäß können »exotische« Arten Anfänger vor einige Schwierigkeiten stellen. Daher sollte man mit der Dunklen Europäischen Biene beginnen, mit der Buckfast oder der Apis mellifera caucasica, der kaukasischen Biene.

REGIONALE BIENENVÖLKER sind nie reinrassig, sondern immer Kreuzungen: Je nach Charakter ihrer Bienenkönigin zeigen die Schwärme unterschiedliche Verhaltensweisen. Wenn angrenzende Nachbarn kein Risiko erlauben, sollte man mit einem friedlichen Buckfast-Volk beginnen. Aber auch dann ist nicht jedes Risiko ausgeschlossen. Man kann immer auf die eine oder andere stechfreudige Biene stoßen.

Wer sich ein überwintertes Bienenvolk zulegen will, erhält es von April bis Mai. ACHTUNG: Die Rahmen sollten zur eigenen Beute passen!

Von Mai bis Juli gibt es so genannte »Ableger« zu kaufen. Sie sollten mindestens 1,5 kg bis 2 kg wiegen. Darunter übersteht das Völkchen den Winter nicht. Klären Sie vor dem Kauf, wie alt das Volk ist, welche Art und Charakter es hat, wie es mit der Legeleistung der Königin, der Honigleistung und der Schwarmfreudigkeit aussieht.

TIPP

Es ist nicht ratsam, sich mit vielen Bienenstöcken in die Imkerei zu stürzen, ohne den Umfang an Arbeit, den ein Bienenvolk braucht, einschätzen zu können. Außerdem: Wohin mit 200 kg Honig? Idealerweise beginnen Sie langsam mit zwei bis maximal fünf Völkern.

Einen Schwarm einfangen

Wer auf diese Weise zu einem eigenen Volk kommen möchte, fragt am besten bei einem Imker nach oder kontaktiert den örtlichen Imkerverein. Theoretisch ist es sehr einfach einen Schwarm einzufangen, in der Realität kann es spektakulär werden, z. B. wenn ein Schwarm sich unter ein Dach verkrochen hat oder unerreichbar hoch in einem Baum hängt. Zwei Methoden führen zum Ziel: Man kann eine Bienentraube vom Baum pflücken, indem man eine Strohbeute unter sie hält und fest auf den Ast schlägt, an dem sie hängt. Sie fällt in den Strohkorb. Zudecken, zur Beute bringen,

umgekehrt darauf stellen. Ist die Königin in die Beute umgesiedelt, folgt das ganze Volk nach, selbst die, die noch im Baum sitzen sollten.

Ein Schwarmfangbeutel oder Bienenkescher kann auch eine gute Hilfe sein. Hängt der Schwarm günstig, kann man eine leere Beute daneben stellen und den Schwarm dort hineinlocken. Das funktioniert mit einer Brutwabe, denn die Bienen schätzen es, wenn ihr neues Zuhause bereits »möbliert« ist. Aufregend ist es, wenn man die Königin bei diesem Umzug entdeckt. Es kann aber sein, dass sie die neue Beute nicht akzeptiert und wieder ausfliegt. Dann muss man es erneut versuchen.

Die Erstausrüstung für den Imker

Die richtigen Gerätschaften stiften Sicherheit und ein sicherer, ruhiger Imker gewinnt schnell das Vertrauen seines Volks. Unabdingbar ist die richtige Schutzkleidung. Sie besteht aus einem Anzug aus stichfestem Material, einer Kapuze mit Schleier, wahlweise Hut mit Schleier, und Handschuhen. Wer geschützt ist, ist nicht aufgeregt und regt folglich auch seine Bienen nicht auf!

Geräte für die Arbeit am Stock

- **Rauchbläser oder Smoker:** Im Inneren des Smokers werden Holzkohle, getrocknete Kräuter oder Pappe zum Glimmen gebracht. Mit einem Blasebalg wird der Rauch angefacht. Er sollte kalt sein, weiß, dicht und vor allem ohne Flamme. Der Rauch beruhigt die Bienen in der offenen Beute.
- **Stockmeisel:** Damit löst man den von den Bienen mit Propolis festgeklebten Deckel oder das Bodenbrett.

- **Bienenbesen:** Damit fegt man die Bienen bei der Honigernte von den Waben.
- **Wasserzerstäuber:** Ein leichter Nebel beruhigt die Bienen.
- **Mittelwände aus geprägtem Wachs:** Sie vereinfachen den Wabenbau.

Ausrüstung um Honig zu gewinnen

- **Honigschleuder**
- **Entdeckelungsmesser oder -gabel,** um die Wachsdeckel von den Honigwaben zu entfernen.

- **Einhängesack für den Schleuderkorb,** um das feuchte Entdeckelungswachs auszuschlagen.
- **Filtersieb:** Über den Eimer unter der Honigschleuder gehört ein Sieb, um die im Honig verbliebenen Wachsteilchen auszufiltern.
- **Luftdicht verschließbare Gläser oder Eimer,** um den gewonnenen Honig aufzubewahren. Einige Tage nach dem Abfüllen der Honigernte, klärt sich der Honig. Es bildet sich ein feiner, weißer Film auf seiner Oberfläche.

Besuche am Stock

Nervöse Imker, nervöse Bienen! Doch mit der Zeit wächst die Erfahrung und man meistert seine Bienenvölker in Gelassenheit. Sich einen Imkerpaten zu suchen, kann dabei mehr als hilfreich sein.

GENERELL sollte man den Stock nicht zum Vergnügen öffnen. Viele Anfänger machen diesen Fehler, weil sie sich vom guten Zustand ihrer Völker überzeugen wollen und verunsichern diese durch zu häufige Besuche. Jedes Öffnen sollte mit einem Ziel und einer bestimmten Arbeit verbunden sein.

Bei schönem Wetter und Temperaturen über 15° Celsius sollte man im März kontrollieren, ob und wie die Bienen über den Winter gekommen sind, wie die Eiablage ist und ob die Vorräte noch ausreichen. Im April lässt man die Kolonie anwachsen, indem man sukzessive neue Rähmchen in den Brutraum hineinhängt. Im Juni und Juli sollten die Abstände zwischen den Besuchen wieder länger werden. Ausnahmen sind natürlich, wenn die Geburt einer Weisel bevorsteht, der Einsatz einer neuen Königin oder die Eiablage einer zugesetzten Königin beginnt. Auch wenn man nur wenige Stöcke besitzt, sollte man ein Imkertagebuch führen. Darin sollten generelle Informationen zur Königin und zum Volk stehen. Wetter, Temperatur, was gerade blüht (Tracht) sollte vermerkt sein, welche Arbeit man am Stock gemacht hat und was sich dabei beobachten ließ.

Wabenpflege

Die Waben im Stock werden über die Jahre dunkel, weil jede geschlüpfte Biene ein dünnes Häutchen in ihrer Zelle zurücklässt. Spätestens nach vier Jahren sollten dunkle Waben aus dem Brutraum entfernt werden. Wer jedes Jahr ein Viertel der Waben austauscht, verhindert den Ausbruch von Krankheiten. Die Waben sollte man nicht wiederverwenden. Die Rahmen hingegen kann man gut und lange verwenden, wenn man sie sauber geschabt und in der Flamme eines Lötkolbens desinfiziert bzw. abgeflämmt hat. Alternativ kochen sie manche Imker auch in Natronlauge aus.

Bienchen, pass auf dich auf!

Bei den in Europa registrierten Bienenvölkern steigt die Sterblichkeitsrate seit Mitte der 1990er-Jahre rasant an, wie beunruhigte Wissenschaftler vermelden. Die ständige Ausbringung von Pestiziden in der Erwerbslandwirtschaft hat das Immunsystem der Bienen nachhaltig geschwächt. Ihre Anfälligkeit für die Bienenseuche »Amerikanische Faulbrut«, für Pilzbefall (Kalkbrut) und den Befall durch die Varroamilbe steigt.

DIE VARROAMILBE, ein 1 bis 1,5 mm großer Parasit, befällt die Brut im Bienenstock und vermehrt sich dort. Die weibliche Milbe legt ihre Eier in die Larven, bevor der Wachsdeckel ihrer Zelle verschlossen ist. Die Milben setzen sich auch am Bauchschild oder im Pelz der Biene fest und lassen sich durch Putzverhalten nicht vertreiben. Langsam aber sicher schwächen sie das ganze Volk, bis es die Winterstarre nicht mehr überlebt. Die regelmäßige Kontrolle des Stocks auf Milbenbefall erlaubt rechtzeitige Gegenmaßnahmen.

Aus Südostasien stammt eine Hornissenart, die Vespa velutina, die sich seit 2005 in Europa ausbreitet, verschleppt vermutlich durch asiatische Importwaren. Diese tropische Hornisse greift Bienen an: Schon ein Dutzend Hornissen können ein Bienenvolk vollständig dezimieren, denn die Räuber ernähren sich zwar von allen Insekten, am liebsten jedoch von Bienen. Mit Vorliebe im Hochsommer greifen sie die Stöcke an. Ihre Nester für die bis über 2000 Tiere starken Kolonien bauen sie unerreichbar hoch in die Bäume. In Frankreich wird diese invasive Art bereits massiv mit Fallen bekämpft. Stöcke werden durch Käfige aus Drahtgeflecht geschützt.

Andere Krankheiten, die sich im Bienenstock ausbreiten, können die Völker empfindlich schwächen. Zu den gefährlichsten zählen die durch Bakterien verursachten Seuchen: Die amerikanische Faulbrut, auch Bienenpest genannt, und die europäische Sauerbrut. Die Bienenpest greift die Streckmaden in ihren verdeckelten Nestern an. Die Larve trocknet ein, die Zelldeckel verfärben sich braun, fallen ein oder werden löchrig und setzen so Millionen von Sporen frei, die in andere Stöcke eingeschleppt werden. Die Bienenpest ist anzeigepflichtig! Die Sauerbrut, benannt nach ihrem säuerlichen Geruch, lässt die Maden meist im Juli verenden: Sie verfärben sich gelb. Die Bakterien überleben im Wachs und im Propolis, also muss bei Befall beides abgeflammt werden.

Beide Krankheiten können sowohl die eigenen Völker als auch alle umliegenden Völker vernichten!

Warum es sich lohnt

Ein Bienenstock im Garten ist einfach mitreißend. Er führt zu einem Perspektivenwechsel: Sie sehen Wildblumen und -pflanzen plötzlich mit anderen Augen! Sie beginnen im Rhythmus der Bienen zu leben und nehmen an ihrer Entwicklung teil. Außerdem ernten Sie Ihren eigenen Honig.

IMKERN IST EINE BERUFUNG, kein Hobby. Es fängt damit an, dass man den eigenen Umgang mit der Natur hinterfragt. Denn auch die Biene ist ein Opfer der industriellen Landwirtschaft.

Wer sich einen Bienenstock anschafft, muss mehr, als nur einige Regeln befolgen. Er muss ihn beim Veterinäramt anmelden, er muss ihn regelmäßig auf Bienenseuchen und -krankheiten kontrollieren. Er muss auf Sicherheit achten: Ein Bienenstock kann nicht überall stehen und bei 50 000 Bienen auf einem Haufen braucht es schon besondere Ruhe, Aufmerksamkeit und Vorsicht, will man sich ihnen unbeschadet nähern. Und schließlich ist da noch die Umgebung: Für ein Gramm Honig müssen die Bienen mindestens 300 Blüten anfliegen. Wenn ein Volk zwölf Kilogramm braucht, um über den Winter zu kommen, dann reichen ein paar Blümchen im Garten nicht aus. Die Bienen suchen im Umkreis von drei Kilometern nach Nahrung. Wenn dort nur Mais und Raps stehen, haben sie ohne menschliche Hilfe keine Überlebenschance.

Achtung auch auf andere Imker! Manche Imker wollen keine anderen Bienen in der Nachbarschaft oder gar wilde Bienenvölker, weil sie Artenkreuzung vermeiden wollen. Und sie schätzen es nicht, wenn plötzlich die Nahrung für ihre Bienen knapper zu werden droht.

Also: Bevor Sie eine Bienenbeute kaufen, ist ein Imkerkurs angeraten und ein Besuch beim örtlichen Imkerverein, um sich schlau zu machen. Viele Jungimker schwören auf Imkerpaten, erfahrene Imker, die sie im ersten Jahr begleiten und bei Problemen mit ihrem jahrelang gesammeltem Wissen zu Hilfe kommen.